PIGION 2000

EIGRA LEWIS ROBERTS
Rhoi'r byd yn ei le

Blas ar y sgrifennu gorau yn y Gymraeg.

Teitlau'r gyfres:

1. WALDO – *Un funud fach*
2. Y MABINOGION – *Hud yr hen chwedlau Celtaidd*
3. GWYN THOMAS – *Pasio heibio*
4. PARSEL NADOLIG – *Dewis o bytiau difyr*
5. EIGRA LEWIS ROBERTS – *Rhoi'r byd yn ei le*
6. DIC JONES – *Awr miwsig ar y meysydd*
7. DANIEL OWEN – *'Nid i'r doeth a'r deallus . . . '*
8. GWLAD! GWLAD! – *Pytiau difyr am Gymru*

Y teitlau nesaf:

9. ISLWYN FFOWC ELIS
10. GWENALLT
11. KATE ROBERTS
12. 10 MARC! – *Pigion Ymryson y Babell Lên a'r Teledu*

Golygydd y gyfres: Tegwyn Jones

Cyhoeddwyr: Gwasg Carreg Gwalch
Pris: £1.99 yr un

EIGRA LEWIS ROBERTS

Rhoi'r byd yn ei le

Golygydd y gyfres:
Tegwyn Jones

GWASG Carreg Gwalch

Argraffiad cyntaf: Gŵyl Ddewi 1999

ⓗ Pigion 2000: Gwasg Carreg Gwalch
ⓗ testun: Gwasg Gomer/Llys yr Eisteddfod

Rhif Llyfr Safonol Rhyngwladol:
0-86381-505-7

Cyhoeddir o dan gynllun comisiwn Cyngor Llyfrau Cymru.
Cynllun y clawr: Adran Ddylunio'r Cyngor Llyfrau.

Argraffwyd a chyhoeddwyd gan Wasg Carreg Gwalch,
12 Iard yr Orsaf, Llanrwst, Dyffryn Conwy.
☎ (01492) 642031

Dymunir diolch i Eigra Lewis Roberts am ei diddordeb yn y gyfrol hon, am ei chymorth wrth ddewis y detholiad ac am fwrw golwg dros y proflenni. Diolch hefyd i Wasg Gomer am eu caniatâd caredig i gynnwys deunydd a gyhoeddwyd yn y lle cyntaf ganddynt hwy.

Cynnwys

Cyflwyniad

Diddorol – a dadlennol – bob amser yw cael gan awdur (neu awdures yn yr achos hwn) i roi'r gorau am ychydig i'w chreu a'i chyfansoddi, a threulio'r amser yn esbonio i'w chynulleidfa pam yr ysgrifenna o gwbl, a phwy yn ei thyb hi, yw ei chynulleidfa beth bynnag. Hynny a wnaeth Eigra Lewis Roberts mewn papur a ddarllenodd o flaen yr Academi Gymreig yn 1983, mewn cynhadledd ar bwnc ysgrifennu yn yr iaith Gymraeg, ac a gyhoeddwyd yn *The Powys Review* (Rhif 4, 1984). Dogfen allweddol yw hon i waith yr awdures. Ysgrifenna, meddai, am fod yn rhaid iddi. Rheidrwydd arni fu popeth a ysgrifennodd, a bodoli'n unig fyddai bywyd iddi oni bai am ei hysgrifennu. Am ei chynulleidfa, er mai un Gymraeg ydyw, eto nid ar gyfer cynulleidfa Gymraeg yn benodol yr ysgrifenna. Y mae i'w gwaith naws a chefndir Cymraeg yn naturiol, a hithau wedi treulio ei phlentyndod a'i harddegau ym Mlaenau Ffestiniog, ond ysgrifennu a wna, meddai, ar gyfer pobl fel hi ei hun, sy'n holi, sy'n chwilio am atebion, sy'n ceisio deall. Pobl sy'n ymbalfalu yn y niwl, yn darganfod eu hunain weithiau, ac yna'n colli eu hunain drachefn. Weithiau fe'i blinir gan amheuon. Pa hawl sydd ganddi i ystyried ei hun yn llenor, ac i gredu fod ganddi hi, rhagor rhywun arall, rywbeth y tâl ei adrodd wrth y byd? Yn ffodus i ddarllenwyr Cymraeg, dewis peidio gwastraffu amser yn myfyrio ar gwestiynau o'r fath a wnaeth, a hynny, meddai, am mai ofer fyddai ceisio eu hateb beth bynnag. Y mae'r garwriaeth – ystormus iawn weithiau, yn ôl ei thystiolaeth ei hun – rhyngddi hi a geiriau yn rhy ddwfn bellach i wneud dim yn ei chylch.

Man cychwyn ei phererindod cyhoeddi o ddifrif oedd ei nofel *Brynhyfryd* (1959), a ysgrifennodd pan oedd yn fyfyrwraig yn y Brifysgol ym Mangor, wedi iddi brofi diffyg cefnogaeth a swcwr fel egin-lenor yn yr ysgol a'r coleg. Ni bu tremio'n ôl dros ysgwydd wedi hynny. Llifodd o'i gweithdy ffrwd gyson o nofelau, cyfrolau o straeon byrion ac ysgrifau, dramâu, sgriptiau radio a theledu a llawer o bethau amheuthun eraill. Seiliwyd cyfres deledu hynod boblogaidd ar ei gwaith, ac yn sgil hynny daeth rhai o'i chymeriadau, megis Gwen Ellis, Hyw Twm a Dic Pŵal, yn enwau cyfarwydd ar lawer aelwyd ledled Cymru. Tasg anodd iawn mewn cyfrol fer fel hon yw ceisio adlewyrchu'n deg y fath gynnyrch toreithiog ac amlochrog â hwn, ond y gobaith hyderus yw fod yma ddigon o dywysennau aur i ddenu'r darllenydd i'r meysydd mwy. Yno, heb os nac oni bai, y mae cynhaeaf bras yn ei ddisgwyl.

Pechod Sara Preis

Yr oedd yno gwmni dethol o wragedd canol oed. Deuent ynghyd fel hyn bob bore Mercher, gan gyfarfod yn nhai ei gilydd. Yr oedd eu sgwrs yn frau ac yn anniddorol ond i'r sawl a gyfrannai tuag ati. Ond iddynt hwy yr oedd i'r ymweliadau hyn y blas a gaent gynt ar fod yn wastraffus neu'n anffyddlon. Ymhyfrydent yn yr hyn a alwent yn bechodau ac ymffrostient yn eu pranciau. Ail-adroddent yr un straeon, chwarddent yn yr un mannau, a phan aent allan daliai'r awel hwy fel rhai meddw. Yfory byddent yn dyfalu beth tybed a ddywedasant a pha ddifyrrwch a allai fod yn eu gorffennol. Ond heddiw yr oedd eu nerfau'n dynn a'r cynnwrf arferol yn cerdded yr ystafell. Yr oedd y coffi'n llosgi o'u mewn a'i chwerwder ar eu tafodau.

Fel y cynhesai'r sgwrs, chwyddai'r ymffrost. Cofiodd un ohonynt am yr amser y daliodd ei gŵr hi efo'i chariad. Parodd y darganfyddiad rwyg parhaol yn eu priodas. Ond heddiw gwnaeth hi ffars o'r trasiedi. Eiddigeddai rhai. Chwilient eu cof am adegau tebyg ond ni allent obeithio gwella ar Gaynor. Yr oedd hi wedi torri lle na allent hwy ond sigo.

Dilynodd Sara Preis y sgwrsio'n eiddgar. Yr oedd hi'n ddieithr i'r cwmni ac i'r dref. Daeth yma heddiw fel perthynas bell i Gaynor a than ei gofal hi. Un fechan ddi-sylw ydoedd, heb fawr i frolio yn ei gylch. Cyfarchwyd hi'n groesawus ddigon, ac yna anghofiwyd amdani. Ond os na chawsent hwy eu denu ganddi hi, yr oedd Sara wedi colli ei phen arnynt hwy. Yr oedd hi wedi crafu ei gwddw fwy nag unwaith gan fwriadu torri gair, ond yr oedd rhywun arall wedi rhuthro i mewn. A ph'run bynnag, nid oedd ganddi ddim i'w ddweud. Ni allai feddwl am yr un clwt budur y gallai ei chwifio o dan eu trwynau. Ni sylweddolodd erioed o'r blaen fod ei bywyd mor dlawd. Ac yna'n sydyn, cofiodd. Oedd, yr oedd ganddi rywbeth i'w ddweud, brechdan blaen o atgof hwyrach, ond rhywbeth a ddangosai iddynt nad oedd hithau'n fêl i gyd. Chwiliodd am eiriau fel y gallai fwrw i mewn ar ei hunion. Yr oedd hi'n bwysig ei bod hi'n gwisgo ei stori'n ddeniadol. Symudodd fymryn fel y gallai ddal sylw Gaynor. Winciodd arni, a theimlodd ei hun yn gwrido wedyn wrth gofio nad oedd hi erioed wedi gallu wincio ag un llygad. Ond o leiaf yr oedd y winc wedi ateb ei phwrpas oherwydd dywedodd Gaynor, mewn llais harti,

'Be amdanoch chi, Sara? Oes gynnoch chi ryw sgerbwd yn y cwpwrdd?'

Dyma'i chiw hi felly. Pwysodd ymlaen yn ei chadair, ac meddai'n awchus,

'Oes, mae gen i.'

Ni wyddai fod cymaint o ferched yn yr ystafell. Pan gyflwynai Gaynor hi yr oedd wedi cadw ei llygaid ar y pared gyferbyn fel y gwnâi yn y capel ers talwm wrth ddweud ei hadnod. Ond yn awr agorodd ei llygaid yn fawr er mwyn cael effaith. Neidio ar yr hyrdi-gyrdi oedd eisiau yn lle bod ar lawr a sbort pobol eraill yn codi bendro ar rywun.

'Tân arni, Sara. 'R ydan ni'n glustia i gyd.'

Dyna hi ar yr hyrdi-gyrdi rŵan beth bynnag.

'Mewn ffair sborion yn y capal yr o'n i, ac wedi taro fy llygad ar jwg bach digon o ryfeddod. 'D oedd o ddim mwy na 'nwrn i, ond yn lliwia i gyd, a'r gola'n pefrio drwyddo fo. Welsoch chi rioed y ffasiwn beth del.'

Peth mawr oedd cael cynulleidfa ddeallus, meddyliodd. Cynhesodd i'w stori.

'Wel i chi, 'd wn i ddim faint o weithia y dois i'n fy ôl at y jwg; methu gadal llonydd iddo fo ac yn sâl isio'i gal o'n fy nwylo. Ond 'd oedd gen i 'r un ddima arna. Mi gymra chwartar awr go dda i mi bicio adra i nôl 'y mhwrs. 'D oedd wbod be alla' ddigwydd mewn hynny o amsar. Mi allwn golli golwg ar y jwg am byth. Heb feddwl rhagor, dyna fi amdano fo, yn 'i gipio fo oddi ar y cowntar, ac yn 'i gwadnu hi am adra. Ddylias i rioed fod dwyn yn beth mor hawdd.'

Daeth llais o'r gynulleidfa.

'Mi ddaru'ch 'i gymryd o fel'na, heb yn wbod i

neb?'

'Do, ond mae 'na ran arall i'r stori.'

Cododd rhywun yn llawn ffwdan.

'Mae hi ar ben hannar,' meddai'n gwta. 'Mi gewch orffan eich stori rywbryd eto.'

Gwelodd Sara fod eraill yn ystwyrian. Cododd hithau, ac edrychodd o'i chwmpas yn ffrwcslyd. Gafaelodd yn y fraich nesaf ati.

'Rhoswch i mi gal gorffan fy stori.'

''D oes gen i ddim amsar mae'n ddrwg gen i.'

'Mi faswn yn gadal i bethau rŵan, taswn i chi, Sara.' Daethai Gaynor i fyny ati. Teimlai Sara fel hogan fach wedi dod o hyd i'w mam mewn tyrfa. Daliodd Gaynor hi'n ôl nes i'r cwmni chwalu. Yr oedd y giât yn crynu mymryn ar ei hechel pan aethant i'r drws, ond nid oedd golwg o neb.

'Mi aethon yn rhyw ffwr bwt iawn, Gaynor. Ches i ddim cyfla i orffen fy stori.'

'Fe ddeudsoch hen ddigon, Sara.'

'Ond 'r o'n i'n meddwl . . . '

'Oeddach siŵr. Ond cog yn y nyth ydach chi yma mae gen i ofn.'

''Do'n i ddim . . . '

'Daliwch eich pen yn uchal, Sara.' Gwasgodd Gaynor ei braich. 'Mi'ch gwela i chi.'

Ni sylweddolodd Sara ei bod wedi ffarwelio â Gaynor nes iddi ei chael ei hun ar y llwybr. Teimlai fel dyn wedi cael ei wthio i mewn i ras yn erbyn ei ewyllys ac yn gorfod symud ymlaen neu ymddangos yn ffŵl. Edrychodd yn ôl am gefnogaeth, ond yr oedd y drws wedi ei gau'n glòs.

Unwaith yr oedd hi'n ei chartref, caeodd hithau'r drws. Am awr neu ddwy bu'n disgwyl cnoc. Ond ni ddaeth un na thrannoeth na thradwy.

Er mor hoff ydoedd o dawelwch yr oedd tridiau di-sgwrs yn fwy nag y gallai ei ddal. Cofiodd i wraig y drws nesaf ddweud y byddai can croeso iddi alw i mewn. Âi â dau chwech efo hi i'w newid am swllt bach fel bod ganddi esgus dros alw.

Nid oedd y croeso yr hyn a ddisgwyliai. Tybiodd iddi dorri ar amser pryd, ond pan aeth drwodd i'r gegin nid oedd yno arwydd bwyd.

'Hen boen ydi'r mitar swllt 'ma,' meddai'n swil.

'Ia 'te? Ydach chi am ista?'

Eisteddodd ar ymyl cadair, ac eisteddodd ei chymdoges, ar yr ymyl fel hithau.

'Gweddw ydach chi, Mrs Preis?'

'Ia, ers tair blynadd.'

'Finna ers dwy.'

'Mi allwn fod o gysur i'n gilydd felly.'

'Mi 'dw i wedi dysgu byw efo fi fy hun.' Yn ofnadwy o oer.

Ymrôdd y ddwy i astudio dau bared, heibio i glustiau'i gilydd. Drwy gil ei llygaid gwelai Sara glust dde ei chymdoges, fel cragen wedi ei golchi'n ddim gan y môr. Y gryduras. 'R oedd rhywun wedi magu hon mewn trwch o wadin mae'n amlwg. A hithau, Sara, yn un mor ddi-lun efo pethau brau. Yn betrus ac mewn llais bach gofynnodd,

'Ydach chi wedi gweld Gaynor Owen o gwmpas yn ddiweddar?'

'Naddo wir.' Mewn tôn a awgrymai nad oedd arni eisiau ei gweld chwaith.

''R ydach chi'n perthyn iddi, yn tydach?'

'Y gŵr oedd yn perthyn. 'I deulu o oedd pia'r tŷ 'ma sydd gen i rŵan. 'R oedd fy nhŷ i yn mynd yn 'i ôl i'r stad ac mi feddyliais na fase waeth i mi ddwad i fan'ma ddim. Braidd nad ydw i'n difaru dwad rŵan. Mae 'ma le sobor o unig.'

'Hwyrach nad ar y lle y mae'r bai i gyd.'

Yr oedd ceg ei chymdoges wedi ei phletio'n dynn. Mor annymunol yr edrychai felly, meddyliodd Sara. Gallai fod yn ddynes fach mor nobl efo'i chnawd meddal a'i hosgo fonheddig. O wel, 'r oedd ganddi hithau ei balchder. Ni fynnai aros lle nad oedd mo'i heisiau.

'Oes ganddoch chi swllt tybad?'

Cododd ei chymdoges a gadawodd yr ystafell. Edmygodd Sara y darnau pres a oedd wedi eu taenu'n chwaethus ar hyd a lled y gegin. Sylwodd ar un yn arbennig – cloch ac arni gwlwm o frodwaith pres. Estynnodd ei llaw allan i gyffwrdd â hi. Prin y clywodd hi ei hun y tincial ysgafn ond tynnodd y sŵn ei chymdoges yn ôl i'r ystafell.

Cythrodd am y gloch.

"Ches i ddim cyfla ar ddim arall,' meddai Sara, yn sur. Sythodd ei chymdoges i'w llawn hyd.

'Allwch chi mo 'meio i am fod yn amheus.'

'Na alla siŵr. Mae hi'n dipyn o anfantais cal lleidar y drws nesa.'

Yr oedd hi wedi mentro taflu abwyd. Fe'i daliwyd yn ddeheuig.

'Tydw i'n dal dim yn eich herbyn chi, cofiwch. Mi glywis betha hallt yn y dre ddoe ond i be 'dan ni'n dda os nad i helpu'n gilydd, ynte? O, mi 'dw i'n falch 'i gal o i'r wynab. Mae'n siŵr eich bod chi'n fy ngweld i reit ryfadd.'

Cydiodd rhyw gythreuldeb yn Sara.

'Oedd 'na lawar o siarad?' gofynnodd yn glên.

'Oedd wir. Ond mae o'n siŵr o farw allan. Peidiwch â chael eich styrbio ganddo fo. Mae 'ma bobol reit faddeugar, fel finna'. 'R ydach chi wedi'i chael hi'n o arw 'dw i'n siŵr.'

'Do, braidd. Fawr o lonydd yn unlla.'

'Felly 'r o'n i'n deall wir. Mae pechod yn glynu wrth rywun fel caci mwnci yn tydi? Ond mi 'dan ni'n deall ein gilydd rŵan.'

'Ydan.'

'Mi 'dach chi'n madda i mi am gynna?'

'Pwy ydw i i'ch beio chi ynte?'

Yr oedd hi'n beth fach nobl, meddyliodd Sara, a'i gwên hi mor danbaid â'i darnau pres. Sylwodd fod y gloch yn dal yn ei llaw. Wedi anghofio ei rhoi hi'n ôl yr oedd hi wrth gwrs. Swiliai braidd wrth estyn y swllt. Gallai Sara daeru ei bod wedi ei gwyro cyn ei roi iddi. Diolchodd amdano a rhoddodd y ddau chwech ar y cledr glân efo digon o le gwag rhyngddynt.

Yr oedd y cythreuldeb wedi ei gadael erbyn iddi gyrraedd ei thŷ. Cafodd gip arni ei hun yn nrych y lobi. Brensiach annwyl, yr oedd hi'n un blaen. A phobol wedi gwneud un mor liwgar ohoni. Meddyliodd am Ifan ei gŵr. Chwerthin a wnâi ef, yr oedd hi'n sicr o hynny. Yr oedd hanner oes o fyw efo fo wedi miniogi ei synnwyr digrifwch hithau. Mor braf fyddai cael brolio wrth Ifan rŵan fel yr oedd hi wedi tynnu ar ei chymdoges. Yr oedd hi ar fai hwyrach. Ond dyna, yr oedd cymryd pobol o ddifri gystal â thorri bedd i chwi eich hun. Cofiodd i Ifan ddweud rywdro mai'r chwerthin caletaf a'r un iachaf oedd chwerthin dyn am ei ben ei hun. Dyna ffŵl oedd hi wedi bod, yn rhuthro am y lein i hongian ei dillad budron heb sylweddoli y dringai rhai ochor mynydd er mwyn cael golwg well arnynt.

Aeth i'w llofft. Yno, ar y bwrdd wrth ei gwely, yr oedd y jwg y gwelodd ei gwyn arno. Yr oedd y pris ar ei waelod mewn inc du. Wyth geiniog. Sobrwydd annwyl, pris lwmp o sebon am y fath drysor.

Cofiodd fel yr aeth â'r jwg i dŷ Huws y gweinidog y noson honno wedi iddi dywyllu. Ymbiliodd arno i'w gymryd yn ôl. Yr oedd yntau'n ddigon hen a doeth i'w gymryd heb holi. Mor falch oedd hi o'i weld yn dal y jwg i'r golau. Gallai daeru wrth weld y lliwiau drwy hiciau ei fysedd fod darn o'r awyr yn gorwedd ar ei gledr.

Dyna'r olwg olaf a gafodd ar y jwg nes daeth y gweinidog ag ef i'w thŷ fis yn ôl. Yr oedd hi eisoes wedi cael anrheg gan ei chapel ac wedi ei dderbyn yn ffurfiol. Ond hwn, meddai ef, oedd ei anrheg bersonol ef i'r onestaf a'r mwyaf didwyll o wragedd.

Gwelodd yn y jwg y wawr yn torri fel plisg brau. Fe'i gwelodd yn dal machludoedd ac yn mynd yn wallgof o liwiau ar brynhawn o haf. Yn awr daliodd ef yn dynn wrth ei chalon. Teimlodd gywilydd mawr o fod wedi cymryd y fath beth tlws yn esgus ymffrost. Rhag torri i wylo, gwnaeth fel yr awgrymai Ifan. Chwarddodd fel ffŵl am ei phen ei hun.

Brechdanau

Rhyfedd na fuasai rhywun bellach wedi meddwl am gystadleuaeth torri brechdanau. Fe allai unrhyw ffŵl wneud cymysgfa a'i galw'n deisen ond nid pawb allai dafellu bara. Gresyn nad oedd neb yma'n dyst o rediad meistrolgar ei llaw. Ond o leiaf yr oedd y brechdanau ganddi, yn haenau taclus, a'r crystiau'n hongian amdanynt fel cotiau gaeaf dros ffrogiau haf. Cegiad oedd brechdan i John, ond mynnai rugno'r crystyn yn erbyn ei ddannedd fel organ geg. Byddai'r poer yn hel ar ei wefus isaf a briwsion wedi mwydo'n disgyn ar y lliain. Weithiau cydiai'r crystyn wrth ei ddannedd gosod a gallai Gladys weld y cnawd wrth eu bôn, yn goch a chignoeth.

Gallai rhai heneiddio'n urddasol. Fel ei mam, yn sownd wrth angor ei chadair freichiau, yn ei siglo ei hun drwy bob siom a phrofedigaeth, a'i thraed bach twt yn gorffwys, ffêr wrth ffêr, sawdl wrth sawdl, ar y pren traws. Heddiw yr oedd y gadair siglo wedi ei dal rhwng y bwrdd a phalis y parlwr, fel aderyn mewn cawell, a'r lliain ar ei chefn wedi breuo lle byddai gwar mam yn rhwbio. A'r gornel yn gysegredig.

Gwnaeth henaint lanastr ar ei gŵr 'R oedd o mor ddi-glem â babi. Ond o leiaf gellid rhoi gwlanen ar un bach a dal ei ddiferion yn hwnnw.

Byddai glafoerion John yn disgyn o'i ên fel rhew ar feiriol o fondo ac yn rhannu'n ffosydd ar ei wasgod. Weithiau âi â'i grystyn efo fo i'r ffrynt ac eistedd ar y wal fach yn cnoi ac yn glafoerio ac yn llygadu coesau merched wrth iddyn' nhw basio. Ni fyddai Gladys ond yn disgwyl eu gweld yn taflu danteithion iddo fel mewn sŵ ac yntau'n eu dal rhwng ei bawennau ac yn ebychu diolch.

Yr oedd yno rŵan a'i goesau'n hongian yn llac dros ymyl y wal fel rhai Guto Ffowc ar doman. Yr oedd yn pigo'i drwyn efo'i fawd ac yn gwneud llygaid croes wrth syllu ar y baw. Edrychai ei wefus isaf fel pe wedi ei throi tu chwith allan a disgynnai'r poer oddi arni i'r pridd. Bu yno ymyl blodau unwaith. Gallai eu cofio, yn cewcian dros ysgwyddau'i gilydd, yr un fath â phlant mewn côr. Biti iddyn' nhw orfod mynd. Ond beth oedd diban rhoi ffenast grand i geriach?

Bron nad oedd arni ofn cyffwrdd y gyllell â'r brechdanau. Lwcus fod y diwrnod yn un clòs a'r menyn yn hylaw. Pan oedd hi wrthi'n iro'r bara daeth haul drwy'r ffenestr a dal chwyddwydyr uwchben ei chegin.

Dilynodd ei lwybr a gweld y twll yn y leino lle byddai traed John yn rhugno wrth iddo fo fwyta. 'R oedd hi wedi prynu pâr o slipars iddo fo ar ei ben-blwydd, ond yn y bocs, drwyn wrth sawdl, yr oeddan nhw byth. Yn ei esgidiau uchel, trymion fel ei rai chwarel, yr oedd o'n mynnu bod, heb eu tynnu ond i fynd i'w wely. Gallai Gladys eu gweld wrth ddeffro, a'u blaenau'n troi at allan fel pe'n ffraeo pa ffordd i fynd.

Rhedai craciau bach drwy'r leino o'r twll a diflannu o dan y coco matin ar ganol y llawr. Ei breuddwyd hi unwaith oedd cael carpedu ei thŷ, o un sgertin i'r llall, nes bod cerdded drwyddo fo mor esmwyth ar draed ag y byddai matras sbring ar gefn. Clywodd rai o'i chymdogion yn cwyno nad oedd wiw iddyn' nhw garpedu tra oedd y plant yn fach. Ond 'r oedd plant yn tyfu ac yn callio ac yn madael, ac fe gaent eu carpedi. A dyma hi'n dal efo tameidiau o bethau wedi eu gollwng yma ac acw fel caglau defaid.

Hoffai pe gallai hysio'r haul i ffwrdd. Rhoddai groeso dynes dduwiol i'w gweinidog iddo unwaith. Ond glynodd rhai o'r pelydrau wrth y brechdanau a'u heuro. Gresyn na châi'r fath orchestwaith reitiach cefndir. Ni roddai'r un artist gwerth ei halen mo'i gampwaith i hongian ar wal tŷ bach. Byddai'n rhaid iddi eu symud. Y parlwr – dyna'r lle iddyn' nhw, ar liain efo'r llestri gorau.

Ar un o'r llestri rheini y taenodd y brechdanau, eu hymylon yn prin-gyffwrdd a chrystyn pob un at allan fel cantel het. Rhoddodd haearn ar y lliain i'w gael o'i blygion a gosododd ddau napcyn yn groes-gongl ar ddau blât. 'R oedd y wraig ifanc o ben draw'r stryd wedi edrych yn wirion arni pan soniodd am ei pharlwr. Cenhedlaeth wastraffus oedd hon heddiw, yn rhodianna drwy fywyd fel y gwnâi'r ymwelwyr a ddeuai i'r wlad i fwrw Sul, gan adael pob giât ar agor a gwneud pob llwybyr yn un cyhoeddus. Yr oedd cael parlwr mor bwysig iddi hi â chael arian wrth gefn.

Yma y byddent yn dod i gael te ar brynhawniau Sul; John fel gŵr bonheddig yn ei siwt ddwbwl brest ac ogla coed pîn capel Salem yn glynu wrtho fo. Fel y bydda' fo'n byrlymu siarad; yr Ysgol Sul wedi gwneud diwinydd mawr ohono fo. Ond nid âi ar gyfyl Salem rŵan, dim ond eistedd yn y ffrynt drwy'r haf, wrth y tân drwy'r gaeaf, yn dweud dim ohono'i hun ac yn ei hateb fel petai'n holi Rhodd Mam. Tynnodd y llenni i'w heithaf ac ewyllysio i'r haul ddod i mewn. Yna aeth i nôl ei gŵr.

Yr oedd ei lygaid ynghau. Teimlodd oerni ar ei wyneb pan gamodd ei wraig rhyngddo a'r haul.

'Mi 'dw i wedi'ch deffro chi,' meddai hi'n ddigon di-hid.

''D o'n i ddim yn cysgu.'

'Wrth gwrs eich bod chi'n cysgu. P'run bynnag, mae te'n barod.'

'T ydw i mo'i isio fo. Hen bryd di-ddim.'

'Dowch yn eich blaen. Mi 'dw i am i chi sbriwsio i fyny gynta'.'

Yr oedd llais Gladys yn ei flino fel stem o waith caled.

'Styriwch 'newch chi.'

'Ma' 'nyddia styrio i drosodd.'

'Twt. Mi fasa chitha'n rhoi'ch troed gora'n flaena' tae rhywun yn gweiddi hwda arnoch chi.'

Symudodd y ddau am y tŷ, Gladys yn arwain ac yntau'n dilyn, yn llac a blêr fel ci ar dennyn.

'Cofiwch am eich traed.'

Rhwbiodd y pridd i'r mat bach y tu allan i'r drws cefn a chael y teimlad, wrth gamu i'r gegin, ei fod wedi gadael rhywbeth gwerthfawr ar ôl.

'Peidiwch ag ista. Mi 'dw i am i chi molchi cyn te.'

'Slempan cath. Â i ddim i dynnu 'nghrys.'

'Hwnna a'r isa'. Ac efo cadach.'

'R oedd o'n rhyfeddol o ddel o dan ei ddillad, yn ei hatgoffa o hen gôt a roddodd i'r bobol hel rags dro'n ôl, ei thu allan wedi breuo a cholli'i graen a'r leinin yn dal fel newydd. Rhoddodd y cadach o'r neilltu a rhwbiodd y trochion i'w gefn efo cledr ei llaw. Yr oedd y cnawd cyn llyfned â charreg gwely afon. Cofiodd am Twm Bach Tramp ers talwm, yn cario'i ffon gollen fel y byddai clercod Llundain yn cario'u hambarels. A'i mam yn dweud y gallai dystio bod Twm Bach Tramp yn gwaedu'n las.

Symudodd ei llaw i fyny am ei war. Yr oedd

hwnnw'n gras ac yn boeth ond gallai ei deimlo'n claearu fel y rhwbiai'r trochion iddo.

"Dach chi 'di gorffan bellach?' cwynodd yntau.

'Bron iawn. Mi gewch 'neud eich clustia'ch hun.' Gwnaeth John un gornel o'r lliain yn hir a main a'i wthio i'w glust gan ei droi fel pe'n weindio cloc.

'Ga' i wisgo rŵan?

'Cewch tad. Mae'ch dillad chi'n barod. Mi a' i i 'neud yn siŵr fod popeth yn ei le. Dowch chitha drwodd i'r parlwr ar fy ôl i.'

'Be 'nawn ni yn fan'no?'

'Cael te bach efo'n gilydd fel y bydda ni ers talwm. Brysiwch i wisgo.'

Gorweddai ei ddillad ar gefn cadair. Pethau glân i gyd a hithau'n ganol wythnos. Ni fyddai trefn ar y dyddiau rŵan. 'R oedd y cyfan yn oer ac anystwyth fel dillad wedi rhewi ar lein. O dan y gadair gorweddai'r pâr slipars a gafodd ar ei ben-blwydd. Penderfynodd gymryd arno nad oedd wedi eu gweld. Câi'r teimlad, unwaith yr âi i slipars, na ddeuai byth ohonynt wedyn.

Safai Gladys wrth y parlwr yn ei aros a'i braich ar draws y drws fel petai'n disgwyl iddo dalu am fynd i mewn.

'Dowch i mi gael golwg iawn arnoch chi,' meddai. Safodd yntau'n ufudd, gan gadw ei draed yn y cysgodion. Yr oedd chwythiad o sebon wedi aros yn nhwll ei glust. Rhoddai hynny olwg annwyl arno. Plyciodd Gladys yn y gôt ddwbwl brest lle'r oedd yr ysgwyddau i fod. Byddai angen dipyn o badin i wneud i rhain sefyll allan erbyn hyn. Dyna oedd i'w gael o eistedd gormod ar y wal heb gynhaliaeth i'w gefn. Ond ta waeth rŵan. Wrth dremio dros ei hysgwydd gallai weld gwastad o liain gwyn a'r brechdanau'n codi ohono.

Arweiniodd ei gŵr i mewn i'r parlwr a'i osod i eistedd, ei benliniau wedi eu carcharu o dan y bwrdd a napcyn yn hongian o'i dwll gwasgod. Wrth iddi groesi i'w lle ei hun tynnodd ei llaw'n garuaidd dros gadair ei mam.

'Rhyfadd meddwl amdani,' meddai, a phiïo am funud na allai roi pwt i'r gadair i'w chael i siglo.

'Pwy 'dwch?'

'Mam. Gymint eisteddodd hi yn hon.'

'Mi fydda'n rhoi'r bendro i mi.'

Ei mam druan, gresyn na fyddai yma heddiw i weld John yn torri cyt. Gallai ei chofio, y noson cyn y briodas, yn eistedd yn ei chadair a'i llais yn codi ac yn gostwng wrth iddi siglo.

'Mi fasa'n well i ti rywun d'oed, Gladys,' meddai. 'Mi fydd hwn yn 'i gwman a chditha'n dal i fod isio dawnsio.'

Ond nid oedd ganddi ddim i'w ddweud wrth lafnau o'r un oed â hi a fyddai'n gwneud iddi deimlo, wedi iddynt ei chyffwrdd, fel petai heb folchi ers dyddiau. 'R oedd John yn ei thrin fel darn o borslen ac 'r oedd o bob amser yn ddel o gwmpas ei wddw a chanddo lwybr union drwy'i wallt.

'Ydan ni am fyta heddiw?'

'Ydan siŵr.'

Estynnodd y plât bara menyn a'i ddal, ychydig allan o'i gyrraedd.

'Wel, be 'dach chi'n 'i feddwl ohonyn' nhw?' holodd, yn awchus.

'O be?'

'Y brechdana'. 'Dach chi ddim yn meddwl 'u bod nhw'n bictiwr?'

'Bwyd tylwyth teg.'

'Ia, falla wir.'

Yr oedd hi'n hoffi'r syniad. 'R oedd pob merch yn haeddu cael tynnu ei dwylo o'r golchion weithiau a'u sychu ar hancas ffansi yn lle ar ffedog fras.

"Stynnwch amdanyn' nhw,' meddai, a gwthio'r plât tuag ato. Cyrhaeddodd John am frechdan a gafael ynddi efo'i fys a'i fawd fel y gwnâi merched neis mewn clust cwpan de.

'Mi 'dach chi 'di torri'r crystyn,' meddai'n gyhuddgar.

'Naddo wir.'

"D oes 'na ddim gafael ar frechdan heb hwnnw.'

'Mae 'na grystyn ar bob un.'

Rhedodd ei fys ar hyd ymyl y frechdan.

'Tydi o ddim mwy nag ewin babi,' meddai, cyn ei tharo'n ei geg. Daliodd Gladys ei hanadl. Gwnâi John sŵn bach wrth sipian y frechdan, ond nid oedd dim yn amrwd ynddo. Yn wir, rhoddai'r un boddhad iddi â gwrando ar rwnian cath wedi cael boliad o lefrith.

'Cymrwch ragor,' anogodd. Bwytaodd John y brechdanau heb golli ond ambell i friwsionyn ar y lliain. Ni allai Gladys fod wedi gobeithio gweld bwyta mwy bonheddig. Estynnodd hithau am frechdan, ond nid oedd arni ddim o'i heisiau. Teimlai wedi ei digoni.

Wedi iddo glirio'r plât gwnaeth John gwpan o'i law a hel y briwsion iddi. Yna gollyngodd hwy'n dwt i'w blât ei hun, yn union fel yr arferai wneud y prynhawniau Sul rheini. Chwarae teg i'w galon o. 'R oedd hi wedi bod ar fai. Nid ym mhen draw'r sbens yr oedd lle rhywun fel John. Edrychai'n ddigon del rŵan i haeddu bod yn y cwpwrdd gwydr efo'r llestri gorau.

'On'd ydi hi'n braf yma,' meddai.

'Mi 'dw i'n oer.'

'Yr haul sydd wedi bod braidd yn ddiarth. Mi gnesith toc. Pam na ddowch chi i ista i'r gadar esmwyth wrth y ffenast i ni gael sgwrs?'

'Dyna'r cwbwl sydd 'na?'

'Ia siŵr.'

''D oes gynnoch chi 'r un deisan na dim?'

'Dim, ond y brechdana'.'

Yn sicr, nid oedd ar ei brechdanau hi angen ffaldiral o deisen i'w cynnal.

'Mi a' i'n ôl i'r haul ta'.'

'Be? Rŵan?' yn siomedig.

'Mi fydd yn cilio toc.'

'Bydd, ran'ny.'

Efallai mai dyna fyddai orau wedi meddwl. Câi hithau wared â'r llestri budron cyn dechrau setlo i lawr.

Tynnodd y bwrdd ati i'w ollwng. Rhoddodd John ei ddwylo o dan ei grothau i gael ei goesau'n rhydd. Yr oedd teimlad oer ynddynt, fel hwnnw a gâi wedi iddo fod yn rhy hir yn ei gwman pan oedd yn trin llechan ers talwm. Gwthiodd hwy allan gan ystwytho'i fysedd y tu mewn i'w esgidiau.

'Mi fydd yn rhaid i ni 'neud hyn yn amlach,' meddai Gladys, yn glên.

Cododd yntau a brysio drwodd i'r lobi, ei goesau'n cynhesu gyda phob cam a gymerai. Teimlai ollyngdod, fel petai wedi llwyddo i ddianc rhag perygl a oedd yn fwy brawychus peth am na wyddai beth ydoedd. Gorweddai ei ddillad yn flêr ar gefn y gadair. Caent fod yno hefyd. Ni fwriadai newid ddwywaith mewn diwrnod. P'run bynnag, 'r oedd ganddo reitiach peth i'w wneud cyn mynd yn ôl i'w gynefin.

Drwodd yn y parlwr tywalltodd Gladys gwpaned iddi ei hun. Mentrodd pelydryn o haul i mewn ac anelu'n syth am y plât gwag ar y bwrdd. Arhosodd yno'n hir, fel pe'n ei llongyfarch ar ei champ.

Allan yn yr haul, ar y wal fach, eisteddai John a'i goesau wedi eu hymestyn allan i'w llawn hyd. Rhugnai grystyn mawr yn erbyn ei ddannedd a disgynnai glafoerion o'i ên gan redeg yn ffosydd i lawr ei gôt ddwbwl brest.

Hywel Maci

Roedd ei drwyn o'n rhedeg a'i jyrsi'n un stomp. Sefyll o flaen ei dŷ yr oedd o a'i olwg yn boenus, fel petai bod yn hogyn bach yn waith caled. Roedd ganddo'r math o wyneb a allai wneud i ddynes deimlo'n un swp o g'nesrwydd. Yn enwedig dynes ganol oed ddi-briod oedd â llond breichiau o gariad a neb i fynd ar ei ofyn. Dynes felly, Ann Wynne, oedd yn mynd heibio'r munud hwnnw.

Cerdded i lawr Lôn y Stad yr oedd hi, ar ei ffordd adref o'r swyddfa. Lôn newydd oedd Lôn y Stad, yn ddigon newydd i wneud i rywun deimlo y dylai newid i'w slipars cyn ei cherdded. Câi Ann Wynne hi'n brafiach dan draed na'r lôn fach y bu'n ei cherdded am ugain mlynedd.

Edrych ar doeau'r tai yr oedd hi wrth gerdded; toeau'r tai a haul Gorffennaf cynnar yn taro caledwch mastiau teledu cyn disgyn i'r pytiau gerddi. Gostyngodd ei llygaid a gwelodd wyneb babi yn un o'r ffenestri llofft; wyneb llwyd yn erbyn y gwydyr – un yr oedd angen tomen o haul i roi bochau arno. Babi yn mynd i'w wely a'r byd yn dechrau deffro i'w gyda'r nos. Yn rhy fach i ddweud ei bader; yn rhy fach i feddwl am ddim. Yn byw ar deimlo'n llawn ac yn gynnes ac yn ddiogel; heb adnabod na pherygl na phechod. Braf arno fo. Tybed? Roedd y siom i ddod iddo fo; wedi bod iddi hi. Braf arni hi hwyrach, a'r gwaethaf drosodd.

Daeth y fam i'r ffenestr. Roedd llwydni o'i chwmpas hithau. Pwysai ei thrwyn yn erbyn y gwydr. Mae'n siŵr ei fod o'n oer. Roedd yr haul wedi methu'r ffenestr. Ond roedd hi'n symud, y hi a'i babi, a'r llenni'n cau. Ac Ann Wynne yn eu gweld yn cau fel cyrten ar ddrama.

Gwaeddodd rhywun ar ei hôl. Ni wyddai ai gweiddi powld ai cyfeillgar ydoedd. P'run bynnag, 'doedd hi'n adnabod neb yma, nac am adnabod neb. Penderfynodd mai gartref yr oedd arni eisiau bod; gartref yn bwyta'i the, yn yr ardd, allan o olwg pawb. A brysiodd, ei llygaid ar yr haul, a'i bryd ar iddo aros awr yn hwy.

A dyna bêl ar draws ei phalmant a'r pwt trwyn budur yn hurtio ar ei hôl a'i ben i lawr. Syrthiodd y ddau. Hen ferch sidêt a hogyn â'i jyrsi'n stomp yn eistedd ar ddarn palmant i'w sadio eu hunain. A'r ddau mor swil â'i gilydd.

Fo gododd gyntaf ac estyn ei law iddi, yn rhyw gog gŵr bonheddig. A hithau'n synnu ac yn derbyn ei law er ei bod hi'n gremst.

'Be ydy'ch enw chi?' holodd hi, er mwyn dweud rhywbeth.

'Hwal.'

'Hywel be?'

'Jones.'

'Faint ydy'ch oed chi?'

'Dydy wahaniaeth yn y byd gan blant ddweud eu hoed. Eisiau bod yn hŷn sydd arnyn nhw. Hithau'n gofidio mynd yn hŷn ac am gelu ei hoed.

'Jyst yn saith.'

'Ydach chi wir?'

Bu ond y dim iddi â dweud ei fod yn fach o'i oed ond fe'i gwelodd yn sgwario.

'Lle mae'ch ffrindia chi?'

'Ga i ddim chwara efo nhw.'

'Tewch da chi. Am be, deudwch?'

'Galw enwa ar 'nhad maen nhw.'

Yr hen gnafon bach, meddyliodd hithau. On'd ydy plant yn betha bach milan?

'Ga i ddŵad efo chi?'

'Be ddeudoch chi?'

'Ga i ddŵad efo chi – Miss?'

'Sychwch eich trwyn, newch chi.'

''S gen i ddim hancas.'

'Hwdiwch.'

I feddwl iddi olchi a smwddio hon neithiwr, a hithau o hyd yn ei phlygion, i'w rhoi i sbrigyn o hogyn i sychu'i drwyn.

Gwthiodd ef yr hances yn un lwmp i'w lawes. Cerddodd dau fachgen heibio iddynt, heb ddweud gair. Yna, wedi mynd yn ddigon pell, troi'n ôl, y ddau fel pe baen nhw ar lastig, a gweiddi –

'Haia Hwal Maci,' nerth eu pennau.

'Rheina oedd eich ffrindia chi?'

Nodiodd yntau.

'Be ddaru nhw'ch galw chi?' A chywilyddio am ei bod yn holi mor styfnig.

'Hwal Maci.'

'Tewch da chi. Fasa ddim gwell i chi fynd adra?'

Ysgydwodd ei ben, yn ffyrnig.

'Fyddan nhw ddim yn eich disgwyl chi?'

'Ga i ddŵad efo chi?'

'Na chewch wir. Rydw i'n mynd adra ar f'union. Cerwch i chwara rŵan.'

''S gen i neb i chwara.'

Cychwynnodd Ann Wynne. Clywai sŵn traed yn ei dilyn. Cyrhaeddodd ei gysgod hi.

' 'S gynnoch chi hogyn?'

'Nagoes wir. Byw fy hun yr ydw i.'

'Tŷ fel un ni sydd gynnoch chi?'

'Nace. Tŷ go fawr; ar 'i ben 'i hun.' A methu cadw'r balchder o'i llais.

''S gynnoch chi ardd wrth tŷ chi?'

'Oes – un go helaeth. Ylwch, Hywel, waeth i chi heb â dŵad ddim pellach.'

''Dw i'n 'ych licio chi.'

Roedd ei gysgod wedi toddi i mewn i'w chysgod hi. Gallai wneud crempog i de.

'Ydach chi'n licio crempog, Hywel?'

'Be 'di hwnnw?'

'Mi 'na i rai i de.'

Rhoddodd yntau naid fach dros grac yn y palmant.

'Troi yn fan'ma, Hywel. Ydach chi'n siŵr na wnân' nhw mo'ch colli chi adra?'

Dim ateb. Dim ond naid fach arall a'i gysgod yn sboncio o'r tu ôl iddo.

''Rhoswch yma am funud.'

Piciodd i mewn i'r Stôrs i brynu potel o lemonêd. Roedd hi newydd sylweddoli nad oedd plant yn arw am de. Byddai'n biti rhoi dŵr iddo fo. Cafodd, wrth droi i fynd allan, ei fod wrth y cownter yn llygadu'r poteli.

'Pa dda-da fasa chi'n 'u licio, Hywel?'

Rhoddodd ei fys ar un botel oedd yn orlawn o liwiau a glynodd hwnnw wrth y gwydyr.

'Paid â mela,' meddai Huws y siop, a rhoi slap egar iddo ar ei law. Talodd Ann Wynne am y da-da a gwnaeth ati i fod yn sychlyd efo Huws.

Teimlai, wrth fynd allan, yr hoffai afael yn ei law er ei bod hi'n gremst. Ond bodlonodd ar droi ato a gwenu. Cafodd wên fel giât agored yn ôl.

'Ydy o'n bell eto?'

Roedd yr hogyn yn meddwl am y grempog reit siŵr. Un – dwy – tair rhes o dai a dod at Llys Awel, clamp soled o dŷ a'i waliau'n rhydd o waliau tai eraill.

'Pam nad ewch chi i'r ardd nes bydd te'n barod.'

Plymiodd yntau i'r gwair a nofio drwyddo fo.

O'i ffenestr gallai ei weld yn gorwedd ar ei fol a'r border bach wrth ei drwyn, yn edrych fel petai'n rhan o'i gardd hi. Cafodd y teimlad, wrth drefnu'r bwrdd, ei bod yn hen gynefin â gosod lle i ddau.

'Hywel.'

Daeth ar garlam yn syth am ffenestr y cefn a sathru'r pansis yn ei ffrwcs.

'Ydach chi am droi'r grempog imi? Fel'ma ylwch.'

Roedd o wrth ei fodd. Ond dyna fethu dwy a'r rheini'n disgyn yn glats ar lawr.

'Ân nhw ddim yn wast,' meddai, a darnio un yn syth oddi ar lawr a'i gwthio i'w geg.

'Ew, mae o'n dda.' A gwneud swn mawr wrth eu troi am ei dafod.

'Ylwch, Hywel, 'molchwch yn fan'ma cyn te.'

Dyna dynnu'r gwynt o'i hwyliau. A hithau'n difaru na fyddai wedi gadael iddo fwyta'i de yn ei faw. Ond 'doedd o fawr o dro yn dod ato'i hun, yn cewcian arni dros ymyl y lliain ac yn gwneud sioe fawr o sychu rhwng ei fysedd.

Roedd hi'n anodd siarad uwchben te a'r hogyn yn llowcio fel roedd o. Fel 'tae o heb weld bwyd ers dyddia.

'Oes ganddoch chi frawd neu chwaer, Hywel?'

Ysgydwodd ei ben, yn ddi-feind.

'Be mae'ch tad yn 'i wneud? Be ydy 'i waith o?'

Bron nad oedd hi wedi anghofio sut i holi. Nid oedd wedi holi neb ers blynyddoedd nac wedi bod awydd holi chwaith. Ond yr oedd hi eisiau gwybod am hwn. Roedd hi am ei adnabod o, i'w fôn.

'Mae o'n sâl.'

'Biti. Pam roedd yr hogiau'n gwneud sbort ohono fo?'

Oedd hi'n bosibl mynd yn rhy bell efo'r hogyn – ei brocio ormod nes gwneud iddo fo gau'n glep? Ond roedd o wedi llowcio'i chrempogau a stompio'i gwair. Roedd ganddi hawl ei adnabod o.

'Deud ma' cogio bod yn sâl mae o. Ac ma' . . . '

'Mae be, Hywel?'

'Mae Elis Ŵan yn mynd i lan môr dydd Sadwrn. 'I dad yn mynd â fo. Deud yr eith o â fo ar stemar.'

'Mi fydd hynny'n neis.'

'Elis Ŵan yn deud – ha, ha, chei di byth fynd i lan môr. Ma' Jones Maci yn rhy brysur yn cogio bach bod yn sâl. 'Dydy o ddim isio gneud dim ond ista ar 'i ben ôl ac yfad maci.'

'Wel, yr hen sgerbwd bach yn rhedag ar eich tad fel'na a fynta'n sâl.'

'Dydy o ddim yn sâl. Hen ddyn gwirion ydy o. Gas gen i o.'

Trodd ati'n sydyn a'i fwrw ei hun arni a

hithau'n dal yn rhy oer i allu gwneud dim.

'Be mae'ch mam yn 'i ddweud, Hywel?'

Dim ateb. Roedd ei lygaid o'r mymryn lleiaf yn wlyb.

'Dim ond y chi a'ch tad sydd 'na, ia?'

Nod reit benisel. A hithau o'i cho yn ei frifo fo fel'na.

'Mae hi wedi marw,' meddai, 'stalwm iawn.'

'Mi fasa'n well i chi fynd adra rŵan, Hywel. Ydy'ch tad yn tŷ?'

"Dydw i ddim isio mynd. Plîs, 'dydw i ddim isio mynd.'

'Peidiwch â gwrando ar yr hen hogia drwg 'na. Cerwch chi adra ato fo rŵan.'

'Na – 'na i ddim.' Roedd ei geg yn un llinell a'i ddyrnau'n dynn.

'Ylwch, mae hi'n nos Fawrth heno on'd ydy? Be tasa chi'n dwad yma ata i bob nos Fawrth? Aros amdana i lle gwelsoch chi fi heno a cherddad adra efo fi. Mi gewch deisan grîm tro nesa.'

Yn anfodlon yr aeth o wedyn hefyd, yn hen ddyn o hogyn bach, yn gyndyn o fynd adra at ei dad er nad oedd ond dau ohonyn nhw. Ond fe gofiodd ddiolch iddi, yn surbwch ac o dan ei wynt.

Bu'n byw'r wythnos ganlynol yn ysu am gael ei weld ac yn difaru iddi ei yrru adra mor ffwr-bwt. Gadawodd i'r gwair dyfu yn yr ardd er mwyn iddo gael hurtio drwyddo. Holodd mewn siop beth fyddai'n plesio hogyn saith a daeth allan bunt yn dlotach. Ac ar ben y byd. Edrychai'r ardd yn ddiliw, y bwrdd yn wag hebddo. Roedd y tŷ fel mynwent a'r gwacter a deimlodd wedi marw ei rhieni yn fwy amlwg nag erioed. Ond cyrhaeddodd malwen o wythnos nos Lun ac roedd blas oren ar yr hufen.

Safai Ann Wynne ar Lôn newydd y Stad fel petai'n disgwyl ei chariad. Roedd gwrid yn ei hwyneb ac ofn yn ei gwneud yn ffwndrus.

'Iw hw,' meddai rhywun. Hywel, â'i wyneb yn bictiwr, yn llamu i lawr ati o'r Stad.

'I chi,' meddai, a gwthio parsel i'w chledr. 'Sent ydy o. Ga i 'i agor o i chi?'

Roedd darn o bapur Dolig am y botel.

'Ogla da. Ylwch.' A dal y botel o dan ei thrwyn. 'Rŵan, rhowch beth rŵan. Ga i roi.' A dabio plorod mawr o bersawr y tu ôl i'w chlustiau.

Cydgerddodd y ddau, eu cysgodion yn eu harwain.

'Fyddwch chi'n chwara efo'r hogia rŵan, Hywel?'

Roedd hi wedi agor hen friw. Gallai ei deimlo'n sgytian. Waeth procio i'r pen rŵan ddim.

'Sut mae'ch tad? Ydy o'n well?'

''Dydy o ddim yn sâl. Gas gen i o.'

Cafodd drafferth i'w gychwyn am adref. Roedd o am wneud nyth braf iddo'i hun yn y stafell wely o dan y to. Bu ond y dim iddi ag ildio.

Hen wythnosau plagus fu'r rhai canlynol er bod pob nos Fawrth yn diflannu fel mwg. Hywel yn golchi'i wallt yn y gegin a'r lle'n diferu ohono; Hywel yn chwarae liwdo efo hi ac yn gadael iddi hi ennill rhag ofn iddi dorri'i chalon; Hywel yn anelu am y drôr fawr i edrych lluniau'r teulu ac yn mynnu cael dod i'w hadnabod fesul un. A'i gael un nos Fawrth wedi cyrlio'n gynnes ar wely'r llofft fach o dan y to a chael tynnu'i bysedd drwy'i wallt; cyffwrdd, yn ysgafn, â'i ruddiau. A phawb yn dweud fel roedd Miss Wynne wedi sbriwsio drwyddi a rhai mwy digywilydd na'i gilydd yn ei herian bod ganddi gariad. Hithau yn ei gwynfyd newydd yn ceisio ei gael i fod yn driw i'w dad ac yn methu'n druenus.

A hithau'n cerdded adref un nos Lun drwy'r Stad a stwff teisen hufen yn ei bag dyna 'Iw hw' oddi wrth rywun. Cerddodd yn ei blaen a'i llygaid ar yr haul. Chwiliodd am wyneb babi yn y ffenestr ond nid oedd yno ond mwgwd o lenni. Mae'n rhaid fod ei fam am gael ei wared yn gynnar.

Ond daeth cysgod dros ei chysgod hi. Hywel, a'i drwyn yn rhedeg a twll yn ei jyrsi yn union le'i galon o.

'Be sydd, Hwal?'

Mor falch oedd hi o'i weld o, y fo a'i faw a'r cwbwl. Roedd o fel 'deryn a'i wên yn boeth.

'Ddim am ddŵad nos fory,' meddai.

A stwff teisen hufen yn y bag a'r gwair yn uchel.

'Pam, Hwal bach? Be 'di'r matar?' Ei alw'n Hwal bach yn ei ffrwcs. Ond sylwodd o ddim.

''Nhad yn sâl,' meddai. 'Ma' doctor yn tŷ rŵan. Wedi bod ddoe hefyd. Sâl iawn buo fo dros Sul.' Clamp o wên. 'Doctor yn deud – go isi on ddy Maci, Jones.'

'Pryd dowch chi, Hwal?'

'Ar ôl iddo fo fendio. Fi sy'n edrych ar 'i ôl o.' A sgwario. Hithau'n credu ei fod o wedi tyfu peth wmbredd mewn wythnos.

'Mi ddowch i 'ngweld i?'

Peth gwirion oedd crygu fel'na. Ac fe sylwodd yntau. Ac ar ei llygaid hi. Ei hances hi ei hun a estynnodd iddi er mai prin y byddai Ann yn ei hadnabod oni bai am yr A fawr ar ei chornel.

'Mi fendith y chi. Mi 'dw i am fynd â fo i lan môr i orffan mendio. Mi gewch chi ddŵad hyfyd. A dŵad â teisen grîm i ni gael picnic ar tŵod. Ew, mi fuo'n sâl. Reit ulw sâl.'

Rhedodd criw o hogiau rhyngddynt a'r Stad.

'Hei, Hwal Maci,' gwaeddodd un o'r hogiau mawr, 'ddrwg gen i am dy dad, boi. Gawn ni ddŵad i'w weld o?'

'Pan fydd o'n well.'

'Ti'n dŵad i chwara heno, Hwal,' gwaeddodd

un arall.

'Os eith o i gysgu. Mynd rŵan 'ta,' wrthi hi.
Aeth hithau, Ann, am adref.

Roedd y tŷ'n gynnes. Crogai tei coch Hywel ar
fachyn yn y lobi. Gwthiai ei lwybr yn dwnnel
drwy'r gwair yn yr ardd. Roedd ei hanner o yma
efo hi; yn ei disgwyl hi adra o'r swyddfa; yn rhoi
clust i'r atgofion fu'n mud losgi ynddi cyhyd; yn
rhoi benthyg ei lygaid a'i drwyn a'i dafod iddi ac
yn ei chymell i gyffwrdd a theimlo.

Roedd yna haf ar ôl a allai fod yn nefoedd ar lan
y môr. Hywel yn bochio teisen hufen, yn ysgwyd y
môr yn ddiferion i'r tywod ac yn rholio drwyddo
fo a'r gronynnau'n glynu wrth ei gorff bach brown.
A babi mawr o ddyn, Jones Maci, yn cael ffisig o
haul ac ogla môr ac yn wincio ar ei hogyn dros
ymyl ei wydryn lemonêd.

Ha' Bach

(Detholiad)

'Chwytha.'

'Y?'

'Chwytha.'

Gollyngodd Hyw Twm ebwch o anadl a barodd i Magi gamu'n ôl mewn dirmyg.

'Ychafi. 'Ro'n i *yn* ama. Fedri di ddim gneud hebddo fo hyd yn oed ar y Sul. Mi gafodd Gwen Elis ddigon o fodd i fyw.'

'Efo be, felly?'

'Dy fod ti wedi gneud ffŵl ohona i 'te . . . sleifio i ffwrdd y munud y ce'st ti 'nghefn i.'

Teimlodd Hyw Twm ei goesau'n gwegian 'tano ac ymbalfalodd am gefn cadair i'w sadio ei hun.

'Wedi meddwi wyt ti?' arthiodd Magi.

'Che's i ddim digon i godi pendro ar ddryw bach.'

'Mae 'i ogla fo'n ddigon i amball un. A lle ce'st ti bres i slotian, dyna liciwn i 'i wybod.'

'Un o'r hogia ddaru 'nhretio i.'

'Cardod.'

'Mae 'ma stoc dda o goed, Magi.'

'Dim hannar digon. Welist ti'r bil glo dwytha?'

'Mae bilia'n codi beil arna i.'

'Mi wyt ti'n rhawio glo ar y tân 'na fel 'tae o'n fanna o'r nefoedd.'

'Be ydi hwnnw?'

'Dŵr glaw 'te.'

'Fedrwn i ddim fod wedi torri rhagor. Roedd 'y nghefn i'n 'y lladd i.'

'Ista gormod wyt ti. A waeth iti heb â rhoi dy din i lawr rŵan chwaith. Dos i molchi, cyn swpar.'

Cychwynnodd Hyw Twm am y gegin dan lusgo'i draed i'w ganlyn.

'I fyny grisia, plîs. Dim ond gwehilion cymdeithas sy'n molchi'n y sinc.'

Ac i fyny'r grisiau'r aeth Hyw Twm, a'i draed yn trymhau efo pob cam. Nid oedd hyn ond dechrau, meddyliodd, wrth roi llyfiad cath i'w wyneb. Ni fyddai eiliad o heddwch, rŵan fod Dic Pŵal yn ei ôl.

* * *

Penderfynodd Richard gadw draw o'r Queens y noson honno rhag digwydd i'r adar corff ddisgyn arno fel y gwnaethant nos Sadwrn. Torrodd bentwr o fara menyn y gallai unrhyw nafi ymfalchïo ynddynt a thalpiau o gaws i gyd-fynd, gwnaeth yn siŵr fod ganddo stoc dda o sigaréts a photeli Guinness wrth law, ac eisteddodd i wylio'r teledu. Roedd ffilm gowbois ar ddechrau pan ganodd cloch y drws ffrynt.

'Pwy sydd 'na?' galwodd.

Daeth llais cyfarwydd trwy'r twll llythyrau.

'Fi.'

'Cer i chwibanu.' A brathodd Richard i gwlffyn o frechdan.

'Pŵal!'

'Be wyt ti isio?'

'Agor y drws imi.'

'O'r nefoedd, 'd oes 'na ddim llonydd i ddyn yn 'i dŷ 'i hun.'

Agorodd Richard gil y drws. Safai Hyw Twm yno a chwdyn plastig y Co-op yn hongian o un llaw.

''D ydw i ddim isio prynu dim byd heddiw. Hegla hi.'

'Tyd 'laen, Pŵal. Mae'r bag 'ma'n uffernol o drwm.'

Camodd Richard yn ôl a llusgodd Hyw Twm ei ffordd heibio iddo gan adael y drws yn llydan agored.

'Pryd buost ti'n Llundan ddwytha?'

'Y?'

'Y drws.'

'O. Sori, Pŵal.'

'Mi fedri fentro bod hefyd. 'Stedda, os medri di ffeindio lle.'

'Be wna i efo'r rhain?' holodd Hyw Twm, gan ddal pentwr o bapurau newydd i fyny.

'Stwffia nhw dan glustog. Mi wnân' bapur tŷ

bach iawn.'

'Peth afiach ydi hynny, medda Magi.'

'Fasa gen i ddim gwrthwynebiad i gael tudalan tri o'r *Sun* ar 'y nhin.'

Eisteddodd Hyw Twm gan fagu'r bag yn ei freichiau.

'Wyt ti wedi'i gadael hi?' holodd Richard, trwy gegiad o fara a chaws.

'Pwy d'wad?'

'Faint o wragadd sydd gen ti?'

'O, honno. Gobaith mul mewn Grand National.'

'Meddwl dy fod ti wedi dŵad â dy eiddo bydol efo chdi yn y bag 'na. Be wyt ti'n da yma?'

'Dy weld di 'te.'

'Wedi dŵad yma i faeddu rhagor arna i wyt ti, ia?'

'Sori, Pŵal. 'D o'n i ddim mewn hwyl 'sti . . . wedi bod efo'r hen goed 'na am oria . . . brifo drosta.'

'Mêt ar y diawl wyt ti, Hyw Twm.'

''D ydi o ddim yn hawdd 'sti.'

'Be d'wad?'

'Byw 'te.'

'Dibynnu be wyt ti'n 'i 'neud ohono fo 'd ydi.'

'Be fedra i 'i 'neud? Mae meddwl am godi'n bora'n ddigon i 'narfod i am y diwrnod.'

''D oes gen ti ddim oliad am waith?'

'Ar dôl bydda i bellach ac o'r dôl i 'mhensiwn,

46

os cyrhaedda i cyn bellad.'

'Amheus.'

'Mi 'dw i wedi dy golli di 'sti, Pŵal.'

'A bai pwy ydi hynny? Y? O, be 'di'r ots . . .
helpa dy hun i botal.'

'Mae gen i rwbath gwell na hwnna.'

'Paid â malu.'

'Sbia ar hyn 'ta.'

Agorodd Hyw Twm y cwdyn plastig i ddangos
hanner dwsin o boteli.

'Gwin cartra . . . riwbob.'

'Piso dryw.'

'Choelia i fawr. 'Di brynu o gen Len drws nesa
. . . uffarn o stwff medda fo.'

'Gad inni 'i drio fo 'ta.'

Estynnodd Hyw Twm un o'r poteli i Richard a'i
lygaid yn disgleirio.

'Mi wyt ti'n well na'r blwmin lot ohonyn nhw
efo'i gilydd, Pŵal.'

'Deud rwbath newydd,' meddai Richard.

* * *

Wrth iddi ymestyn tros y bwrdd i dywallt te i Dei
cyffyrddodd bys Gwen â'r tebot a rhoddodd
ebwch o boen.

'Ydi'r cefn yn dal i'ch poeni chi?' holodd yntau.

'Na, llosgi 'mys wnes i. 'D ydw i wedi teimlo

dim oddi wrth 'y nghefn ers dyddia. Mi fydda
mam yn deud bob amser . . . meddwl iach, corff
iach.'

'Roedd eich mam yn ddynas ddoeth, Gwen.'

'Oedd, mi roedd hi. Ac mi fydda'n ddolur calon
iddi 'y ngweld i mor ddi-gapal. Mae gen i flys
garw mynd nos Sul nesa.'

'Ia, ewch chi.'

'Isio madda ac anghofio sydd. 'D ydi rhywun
ond yn gneud drwg iddo'i hun wrth ddal dig.
Waeth imi heb â gofyn i chi ddŵad efo fi, debyg?'
yn obeithiol.

'Mi fyddwn fel 'sgodyn allan o ddŵr yno.'

'Mi fydda inna'n o chwithig, heb fod ers
cymaint o amser.'

'Buan iawn y dowch chi i arfar.'

'Ia, 'te. Mae hi'n bosib cynefino â phob dim. Mi
gafodd mam druan 'i siâr o boena'r hen fyd 'ma
ond mi fedrodd gyfri'i bendithion drwy'r cwbwl.
Mi fedrwn ninnau fforddio gneud hynny, Dei.'

'Medrwn, debyg.'

'Anghofia i byth mohoni'n deud wrtha i pan
sonias i wrthi ein bod ni am briodi – "Mi wyt ti
wedi cael dyn lynith wrthat ti am d'oes," medda
hi.'

Cododd Dei a chroesi am y ffenestr.

'Choelia i byth nad ydi hi wedi nosi'n gynt
heno,' meddai.

'Mae'n dda gen i weld diwadd yr ha' bach 'na. Llwynog o beth ydi o.'

'Ia, 'dach chi'n iawn, Gwen. A ninna mor hawdd ein twyllo.'

'Rhai ohonon ni 'te.'

Daeth ato a chraffu allan i'r cyfnos.

'Pwy oedd hwnna 'dwch?' holodd, yn sydyn.

'Hyw Twm. Ar 'i ffordd i weld Dic Pŵal mae'n debyg.'

'Mae hwnnw wedi bod yn dawal iawn yn ddiweddar. Hen bryd iddo fo gallio. Mae petha'n dechra dŵad i drefn ym Minafon 'ma, Dei.'

Trodd ei golygon oddi wrth y ffenestr a gwenu arno.

'Llechan lân, dyna ddeudoch chi 'te?' meddai.

'Ia, dyna ddeudis i.'

'A chaiff neb 'neud stomp ohoni chwaith . . . mi wna i'n siŵr o hynny. Tynnwch yr hen gyrtan 'na inni gael llonydd.'

Yn ddiogel yn ei byd bach ni sylwodd Gwen ar yr ochenaid na lwyddodd Dei i'w mygu wrth iddo gau'r llenni ar y nos. Allan acw, yn rhywle, yr oedd y ferch a ddewisodd droi ei chefn arno a'i rhoi ei hun yn gyfan gwbl i'r plentyn a genhedlwyd mewn cariad ac a dyfodd i fod yn fur diadlam rhyngddynt. Fe âi'n ôl i'r Rhosydd a'i fwrw ei hun i'w waith. Ond i b'le bynnag yr âi, beth bynnag a wnâi, byddai rhan ohono ar goll a'r rhan honno'n eiddo am byth i'r ferch efo'r llygaid meddal a fu'n echel ei fywyd am ugain mlynedd.

* * *

Yn hwyr y noson honno baglodd Richard Powell a Hywel Thomas Griffiths tros riniog rhif pedwar i nos Minafon. Ag un fraich ddolurus am ysgwydd ei gyfaill meddai Richard,

'Tyd 'laen, Hyw Twm . . . mi a' i â chdi adra'n saff.'

Bytheiriodd Hyw Twm yn uchel ac meddai'n fyngus,

'Fiw iti, Pŵal. Mae Magi am dy waed di.'

'Yli, os medris i setlo tri Sgowsar mi fedra i setlo Magi chdi.'

Herciodd y ddau ymlaen, y dall yn arwain y dall. Fel yr oedden nhw'n mynd heibio i dŷ Mati Huws arafodd Richard a dechreuodd ganu,

'Hogia ni, hogia ni . . .'

Ymunodd Hyw Twm yn y gân gan slyrio'i eiriau a bytheirio ar yn ail.

'Hogia ni, hogia ni, 'd oes 'r un diawl a fedar guro hogia ni . . .'

Cipiodd y gwynt eu geiriau fel dail a'u cludo i'w ganlyn. Syrthiodd rhai i ddŵr yr afon i gael eu dwyn efo'r lli i lawr i'r Cwm lle bu Dei Elis a Gwyneth yn chwilio am lonyddwch ac Emyr yn ceisio ymgodymu â'i lwfrdra. Cariwyd eraill i fyny am y Domen Ddu a fu'n dyst i lafur cenedlaethau o grefftwyr a oedd yn ymfalchïo yn eu gwaith. Glaniodd y gweddill ym Minafon a glynu wrth ddrws a rhiniog a chwarel ffenestr heb amharu dim ar gwsg potes maip Gwen Elis a Mati Huws na chyntun esmwyth Emma Harris. Ni chlywodd Katie Lloyd nac Eunice Murphy mo'u siffrwd chwaith er bod cwsg yr un mor bell o gyrraedd y naill a'r llall.

Ond yn eu blaenau'r aeth Dic Pŵal a Hyw Twm i roi Magi, a'r byd, yn ei le.

Katherine a Dilys

Efallai eich bod chi'n fy nghofio i'n sôn dro'n ôl am eneth fach o'r enw Kathleen Mansfield ac fel y bu imi fynd ati i ddechrau chwilio'i hanes hi. Peth naturiol, meddech chi, oedd ceisio hanes merched Cymru, ond pam mynd cyn belled, at un mor ddiarth? Am y rheswm syml fy mod i eisiau gwybod mwy amdani. Mae gen i gred fod dod i adnabod awdur yn gymorth i ddeall ei waith. 'Roedd fy ngafael i ar *Sons and Lovers* yn llawer gwell wedi imi ddarllen y cofiant *Priest of Love* ac 'roedd mwy o flas ar gerddi Dylan Thomas wedi imi ddod i adnabod y dyn.

Cael y gyfrol *Selected Stories* gan Katherine Mansfield yn anrheg wnes i. (Hi ei hun, gyda llaw, newidiodd ei henw o Kathleen i Katherine – un o'i hamryw fympwyon.) Wyddwn i ddim amdani ar y pryd ond fe wnaeth y storïau'r fath argraff arna i fel na fedrwn i fyw yn fy nghroen heb gael gwybod pwy oedd hi. Y cam nesaf oedd sylwi fod cystadleuaeth yn Eisteddfod Genedlaethol Caernarfon yn gofyn am stori bywyd unrhyw gymeriad diddorol. A minnau'n gweld ei storïau mewn golau gwahanol wrth eu cysylltu â'i chefndir, hi oedd y 'cymeriad' yr o'n i eisiau ysgrifennu amdani. Felly y daeth y gyfrol *Plentyn yr Haul* i fod. Mi fydda i'n meddwl fod teitl yn aruthrol bwysig gan mai hwnnw ydi ffenestr siop llyfr. Ond go brin imi ddewis yr un teitl mwy awgrymog eironig na hwn. Nid ei ddewis o wnes i, ran'ny. 'Roedd o'n ei gynnig ei hun. Geiriau Katherine ydyn nhw; ei deisyfiad hi yn ei dyddiadur –

Mae f'ysbryd i bron yn farw. 'Rydw i'n cymryd arnaf fy mod i'n gwella – actio. Beth ydi 'mywyd i? Dim ond bodolaeth paraseit. Wedi pum mlynedd 'rydw i'n fwy o garcharor nag erioed.

Beth ydi iechyd? Y gallu i fyw bywyd llawn, bywiol mewn cysylltiad agos â'r hyn yr ydw i'n ei garu – y ddaear a'i rhyfeddodau; y môr; yr haul. 'Rydw i eisiau bod yn rhan ohono; byw ynddo fo; dysgu oddi wrtho fo. 'Rydw i eisiau bod yr hyn y mae ynof y gallu i fod; 'rydw i eisiau bod . . . (ac yma 'rydw i'n oedi ac yn aros, ac aros, ond i ddim pwrpas – un ymadrodd sy'n gweddu) – 'rydw i eisiau bod yn blentyn yr haul.

A'r eironi mawr ydi na allai hi, wedi'i bwyta gan y dicáu ac yn marw uwchben ei thraed, byth fod yn blentyn yr haul.

Fe ddaeth y gyfrol ar ruthr, yn gyfuniad o'r ffeithiau sy'n rhaid eu cael mewn llyfr o'r fath a 'chelwydd' y llenor, nad ydi o'n ddim ond gair arall am ddychymyg. Felly y gwelais i hi, yn ferch synhwyrus, anniddig, yn unig a chreulon yn ei salwch, a'i gwanc am fyw yn ei gyrru o wlad i wlad i geisio gwyrth. 'Ro'n i'n teimlo i'r byw drosti wrth weld ei gŵr, John Middleton Murry, dyn academaidd, oer, yn codi ei hances boced at ei wefusau pan fyddai hi'n pesychu ac yn dychwelyd o Dde Ffrainc i Lundain at ei waith pan oedd arni fwyaf o'i angen. Ni allai Murry rannu ffydd Katherine y digwyddai gwyrth ac y câi iachâd. Ac ni fu i'r wyrth honno ddigwydd, wrth gwrs. Bu Katherine farw yn bedair ar ddeg ar hugain oed. Mae hi'n stori drist ond yn un sy'n gyrru ias i lawr asgwrn cefn.

Mae sbel bellach er pan ofynnwyd imi olygu cyfrol ar Dilys Cadwaladr. 'Dydw i ddim yn credu imi betruso eiliad er bod pwysau gwaith wedi fy nal i'n ôl am gyfnod. Ond unwaith y dechreuais i, 'doedd dim dal. Do, mi fûm i ym Mangor, ym Mrynrefail, y Fach-wen, Dinorwig, Cwm y Glo, Rhos-lan a Nant-bwlch-yr-heyrn, yn chwilota'n ddidrugaredd. Gwrthod yr ysgrifau ffurfiol arferol a dewis patrwm darluniadol – *cameos* gwreiddiol yn dilyn ei hynt a'i helynt o'r dyddiau cynnar i'r Suntur yn Rhos-lan. 'Ro'n i wedi fy ngwahardd rhag dilyn rhai ffyrdd, ond mae honno'n stori arall. Mae rhan helaeth o hanes Dilys yn y gyfrol, ynghyd â rhai o'i cherddi a rhai o'i storïau. 'Roedd cael dod i'w hadnabod hi – y ferch unigryw honno oedd â dawn ddiamheuol i drin geiriau – drwyddyn nhw, ei theulu a'i chydnabod, yn wefr i mi.

Mae'r sgyrsiau hynny'n fyw yn fy nghof i o hyd, ond yr un sy'n mynnu codi i'r wyneb bob tro ydi'r ymweliad â Beddgelert i weld yr Huw Rhisiart y soniodd Dilys amdano –

'Plant gwreiddiol Nantgwynant – Ann Margretta a ddringai Gwm Llan efo mi i geisio deffro ysbryd yr hen blas; Huw Rhisiart a'i ateb doniol parod pan aem ar heic o'r ysgol . . . '

Fel hyn yr oedd o'n ei chofio –

''Doeddan ni ddim yn 'i chymryd hi fel titsiar, dim ond fel tasa hi'r un oed â ni, yn un ohonom ni. Mi fydda'n deud hanas 'i chariadon yn y col wrthan ni. Mi o'n i'n methu dallt am hir iawn be oedd y col 'ma.

Ew, 'roedd hi'n ddigri, ac yn edrych mor ifanc. 'Doedd hi ddim yn edrych fawr hŷn na'r genod pedair ar ddeg. I mi, 'doedd 'na ddim gwahaniaeth rhyngddyn nhw. Mi 'dw i'n cofio fel 'roedd hi'n gneud 'i gwallt – yn 'i glymu o'n ôl, efo ruban, mewn cynffon. 'Roeddan ni wrth ein bodda efo hi a phawb yn licio mynd i'r ysgol. 'Roedd hi'n dallt os oeddach chi ddim yn gallu canu neu'n swil o 'neud, ac yn gadal llonydd i chi. 'Ro'n i wedi cael pendduyn ac 'roedd hi'n gneud ffys ohona i ac yn 'i olchi o efo lint ac ati. 'Roedd hi'n ffeind felly efo pawb.

'Doedd 'na neb yn cymryd mantais arni hi; neb yn ddigwilydd efo hi. 'Roedd hi'n siarad efo ni am bob math o betha a ninna'n cael gofyn cwestiyna. Argol, mi oedd hi'n chwith i mi ar ôl iddi fynd. Hi oedd y ditsiar ora ge's i 'rioed.'

Diwrnod arall sy'n fyw iawn yn fy nghof i ydi'r diwrnod hwnnw y bûm i'n gweld Katie Jones yn Fach-wen a Myra Ffowcs yn Ninorwig. Myra Ffowcs, yn gaeth i'w gwely, yn cofio'r arogl cŵyr yng ngweithdy tad Dilys a Katie'n holi, wedi imi ddweud fy neges –

'Dilys? Ydi hi'n fyw 'dwch? Nac 'di, wir? O, mi 'roeddan ni'n ffrindia, oeddan, yn ffrindia mawr. Mi fydda Dilys yn rhedag i fyny o Benllyn ata i i fan'ma yn hogan fach iawn a finna'n rhedag i lawr i Benllyn i chwara efo Dilys . . . '

Cofio Leo Scheltinga, ei gŵr, a'r agosaf ati o bawb, yn sôn yn naturiol ddiffuant am gyfarfyddiad cyntaf y ddau yng Nghricieth a Gayney Jones, Bangor, cyfeilles Dilys o'r dyddiau cynnar, yn disgrifio, yn ei Chymraeg rhywiog, ymweliad olaf Dilys â'i chartref –

'Y tro dwytha iddi fod yma 'roedd hi wedi'i thrawsnewid. 'Roedd ei hosgo a'i hedrychiad yn siarad drostynt 'u hunain. 'Roedd rhywbeth enbyd wedi digwydd iddi. Fe safodd wrth y bwrdd a dweud – On'd ydi o'n beth dychrynllyd, Gayney, colli gweld yr holl harddwch sydd o'n cwmpas ni? 'Ro'n i wedi fy syfrdanu . . . meddwl 'i bod hi'n mynd i farw. Na, Dilys, medda fi, mae gwyrthiau o'n cwmpas ni ym mhob man ac ym mhob dim.'

A Mrs Whitehead, Bangor, a welodd werth Dilys, yn dweud am y diwrnod clo hwnnw ym mynwent Llanrug –

''Roedd o'n ddiwrnod bendigedig; yn ddiwrnod barddonol – y math o beth y byddai hi wedi'i werthfawrogi.'

Ac mae llawer rhagor. Y dydd o'r blaen euthum ati i ddarllen y gyfrol a chael fy synnu a'm swyno unwaith eto gan gryfder iaith, cyfaredd cof a dawn mynegiant y bobol hyn. Dyma'r math o ymchwil sy'n cydio ac yn gafael, yn rhoi oriau o fwynhad ac yn cyfoethogi bywyd. Pobol yn cofio, mewn Cymraeg lliwgar, cyhyrog, y ferch honno a gafodd ei galw, unwaith, yn 'ferch yr oriau mawr' ac sy'n llwyr haeddu'r teitl hwnnw.

Dyma Siân a Gareth

Dyma Siân. Dyma Gareth. Dyma Siân a Gareth. Maen nhw wedi cyfarfod, ar ddamwain, yn y stryd fawr. Petai'r naill yn gwybod fod y llall yn bwriadu dod i'r dref hon heddiw ni fyddai'r naill na'r llall wedi dod yn agos i'r lle. Cyd-ddigwyddiad hollol ydi hyn, wrth gwrs, er y byddai rhai'n credu fod i ffawd ran yn y digwyddiad.

Petai Siân wedi oedi ychydig eiliadau'n hwy yn Marks neu Gareth wedi penderfynu prynu'r llyfr hwnnw y bu'n ei lygadu yn Smiths fe allen nhw fod wedi arbed hyn. Ond 'wnaethon nhw ddim. A dyma lle maen nhw, wyneb yn wyneb, am y tro cyntaf ers dwy flynedd. Go brin fod yr ychydig eiriau sy'n cael eu dweud yn werth eu hailadrodd. Ond mae'n ddiddorol sylwi fel y mae'r ddau'n pwysleisio mor dda y mae'r byd yn eu trin nhw. Ydi Gareth wedi sylwi tybed fel y mae wyneb Siân wedi meinhau neu Siân wedi sylwi mor brin erbyn hyn ydi'r gwallt ar gorun Gareth? Mae'n anodd dweud. Edrych heibio i'w gilydd y maen nhw ond cyn iddyn nhw wahanu mae'u llygaid yn cloi, dim ond am eiliad. Ydi hynny'n ddigon tybed iddyn nhw allu gweld beth mae'r ddwy flynedd wedi'i wneud i'r ddau ohonyn nhw?

Mae Gareth yn troi i'r chwith am y maes parcio lle mae Enid, ei wraig newydd, a'i fab, sy'n fwy newydd fyth, yn ei aros. Wrth iddo groesi am y car gall glywed y plentyn yn crio. Mae amryw o rai eraill yn ei glywed hefyd ac yn edrych i gyfeiriad y car ac mae un wraig ganol oed yn syllu'n gyhuddgar drwy'r ffenestr ar y wraig ifanc ddel sy'n eistedd yn y sedd flaen ac yn anwybyddu'r crio o'r cefn. Yn filain o gael ei rhoi ar sioe fel hyn mewn lle cyhoeddus, mae Enid, sydd wedi gweld pob pum munud fel awr, yn naturiol yn beio Gareth. Mae yntau'n ymddiheuro er iddo wneud yr ychydig negeseuau oedd ganddo ar drot ac er iddo wrthod cymryd ei demtio i wario arno'i hun yn Smiths.

Yn ei blaen yr â Siân. Nid oes neb na dim yn ei haros hi ond mae'n symud yn gyflym tuag at rywbeth. Neu oddi wrth rywbeth, efallai.

Ar y ffordd adref yn y car, er mwyn torri ar y tawelwch yn fwy na dim, mae Gareth yn gofyn i Enid ddyfalu pwy welodd o'n y dref. Codi'i hysgwyddau'n unig a wna hi. Pethau i blant yw gêmau dyfalu. Mae Gareth, sydd erbyn hyn yn difaru iddo sôn, yn derbyn hyn fel arwydd o ddiffyg diddordeb. Ond cyn iddyn nhw fynd ychydig lathenni caiff chwilfrydedd Enid y gorau arni ac mae'n gofyn, yn bigog, 'Wel? Pwy?' Mae Gareth yn petruso ac yn gwasgu'r llyw yn dynnach cyn dweud. 'Pa Siân?' meddai hithau. Yna, pan na ddaw ateb – 'O, honno.'

Mae Siân, erbyn hyn, yn eistedd wrth fwrdd yn yfed coffi. Ac yn smocio, wrth gwrs. Fe roddodd ei chôt a'i bag ar y sedd gyferbyn, i bwrpas. Ond mae'r dafarn laeth yn llawn ac mewn llai na phum munud daw gwraig i eistedd yno a'i gorfodi i'w symud. Er nad ydi Siân wedi dangos mymryn o ddiddordeb yn y wraig na hyd yn oed wedi cydnabod ei bodolaeth, mae honno'n mynnu'i sylw drwy sôn am ei chyrn a'i chefn, sy'n ei lladd. Yn ffodus, nid oes raid i Siân ddweud dim. Yna'n sydyn, mae'r wraig yn gofyn, 'Be 'dach chi'n 'i feddwl?' Mae'n amlwg fod ganddi ddiddordeb mewn gwybod. Mae'r un mor amlwg nad oes gan Siân y syniad lleiaf am beth y dylai fynegi barn. Ond fe allai o leiaf geisio cuddio'r ffaith ei bod yn cael y wraig a'i phroblemau mor anniddorol. Mae gan bawb ei deimladau.

Yn y car, ar y ffordd adref, mae gwraig newydd Gareth (felly y mae hi'n par'a i feddwl amdani ei hun) yn plethu bysedd gwynion ac yn syllu'n hunanfodlon ar y modrwyau sy'n addurno trydydd bys ei llaw chwith. Mae Gareth yn pwyso'n drwm ar y sbardun yn ei awydd i gyrraedd, neu i adael. Yng nghefn y car, yn ei got cario, mae'r babi'n cysgu'n braf. Petai wedi ildio i gwsg ynghynt fe ellid bod wedi osgoi hyn i gyd. Ond 'wnaeth o ddim.

Yn y dref, yn y dafarn laeth, wrth y bwrdd sy'n

dal cwpanau gweigion a llestr llwch llawn mae wyneb y wraig a gwynai gynnau am ei chyrn a'i chefn yn dechrau goleuo. Tybio y mae hi, efallai, ei bod wedi taro ar un sy'n waeth allan na hi ei hun. Mae hi newydd sylwi ar Siân yn tynnu'i llaw dros ei thalcen a rhydd hynny gyfle iddi ddweud, yn nhôn un sy'n gwybod am beth mae hi'n sôn, 'Mi 'dach chitha'n cwyno efo'ch pen.' Yna, heb aros am ateb, mae'n plannu i'r bag mawr sydd ganddi ar ei glin ac yn estyn pacedeidiau o dabledi ohono. Ymysg yr amrywiaeth lliw a maint mae tabledi a fwriadwyd i leddfu'i phoenau o'i phen i'w thraed, y mwyafrif, meddai hi, yn hollol aneffeithiol. Ond nid oes ball ar ei chlod i'r tabledi migren pinc a melyn. Mae'n gorfodi Siân i nôl paned arall o goffi. Ni all hithau, o ran cwrteisi, lai na phrynu dwy baned; gweithred wastraffus, fel mae'n digwydd, gan nad ydi coffi'n dygymod â stumog y wraig. Caiff Siân ei gorfodi ymhellach i lyncu dwy dabled efo'r coffi. ''Fyddwch chi ddim 'r un un ar ôl rheina,' meddai'r wraig.

Lai na milltir o'i gartref, yn y car sydd â'i dawelwch erbyn hyn yn ormesol, mae Gareth yn dechrau chwibanu drwy'i ddannedd, heb gofio fod yr arferiad hwn sydd ganddo yn mynd ar nerfau'i wraig. Iddi hi, sydd eisoes wedi ei tharfu, mae rhywbeth herfeiddiol yn y sŵn. Mae'n torri'r llw mudandod a wnaeth iddi ei hun i ddweud, 'Siarad efo hi fuost ti felly?' Mae yntau'n brysio i'w sicrhau na pharodd y sgwrs ond ychydig eiliadau ond mae i'r gwir, hyd yn oed i'w glustiau ef ei hun, sŵn celwydd. Yn ei awydd i'w amddiffyn ei hun mae'n ailadrodd y geiriau – peth annoeth iawn i'w wneud, wrth gwrs. Petai ond wedi gallu mynd filltir arall heb chwibanu drwy'i ddannedd.

Nid oes osgo symud ar y wraig yn y dafarn laeth er bod ei chwpan de yn wag a'r coffi, a brynodd Siân iddi o ran dyletswydd, wedi'i warafun iddi oherwydd cyflwr ei stumog. Aros y mae hi, efallai, i fod yn llygad-dysg o effaith ei thabledi ar y ferch sydd wedi llwyddo i beri iddi anghofio'i phoenau, dros dro. Ydi hi'n disgwyl gwyrth tybed? Ydi hi'n credu y bydd i'r Sinderela hon efo'r cleisiau duon o dan ei llygaid godi'i thraed o'r lludw? Tybed na ddylai Siân, o ran cwrteisi, gymryd arni fod y tabledi'n dechrau cael effaith? Ond mae hi eisoes wedi gwneud cymwynas â'r wraig drwy beri iddi anghofio'r cefn a'r cyrn, oedd yn ei lladd hi. Onid ydi hynny'n ddigon am y tro? Na, 'd ydi o ddim.

Mae Gareth ac Enid a'r babi, sy'n dal i gysgu, wedi cyrraedd eu cartref. Ac mae Gareth, oedd mor awyddus i gyrraedd, rŵan ei fod o yma yn gyndyn o symud o'r car. Yn ymwybodol o'i gyfrifoldeb, fodd bynnag, mae'n rhoi allwedd y drws ffrynt i'w wraig, yn pwyso drosti i agor y drws, yn codi'r babi'n ofalus o'i got cario, ac yn ei estyn iddi. Mae'n amlwg mai dyma'r drefn arferol. Wedi gwneud yn siŵr fod ei wraig a'i blentyn yn ddiogel yn y tŷ â yntau i ddatgloi drws y modurdy. Ond cyn aildanio'r car mae'n eistedd eto, yn llonydd y tu ôl i'r llyw, ac yn syllu i gyfeiriad y tŷ. Mae hwnnw'n werth syllu arno; mor newydd â'r wraig sydd ar hyn o bryd yn paratoi potel i'w fab. Rhwng y muriau gwynion ceir pob cysur posibl. Pam, felly, y mae Gareth yn dewis eistedd allan yma, mewn car sy'n prysur oeri?

Yn y dafarn laeth, mae merch ifanc surbwch yr olwg yn clertian troli mawr o gwmpas ac yn ei lwytho â chwpanau a phlatiau gweigion. Pan wêl y gwpan lawn ar y bwrdd, hanner y ffordd rhwng Siân a'r wraig, mae'n mwmian fod y lle ar gau. Mae Siân yn gwthio'r gwpan tuag ati, heb edrych arni, ac yn tanio sigarét arall. Mae'r ferch, oedd wedi gobeithio cael gwagio'r llestr llwch i'r bocs ar silff isa'r troli, yn rhythu arni, ond i ddim pwrpas. Gyferbyn â Siân mae'r wraig, sydd bellach wedi gorfod cyfaddef iddi ei hun, ac nid am y tro cyntaf, nad oes y fath beth â gwyrth yn bod, yn gwthio'i thraed i'w hesgidiau o dan y bwrdd. Druan ohoni. Ond oni ddylai'r ffaith iddi daro ar un sy'n amlwg yn waeth allan na hi ei hun gyflawni'r hyn a fethodd capiau cyrn Carnation? Mae'r ateb ar ei hwyneb hi.

Dyma Enid, gwraig newydd Gareth (nid mor newydd erbyn hyn, wrth gwrs, ond felly y mae hi'n hoffi meddwl amdani ei hun); dyma Enid yn tywallt dŵr berwedig o'r tecell i jwg i'w gymysgu â phowdwr, i'w roi, wedi ei droi'n gydwybodol am o leiaf bum munud, ym mhotel ei mab, sydd hefyd yn fab i Gareth. Ond rywsut rywfodd mae'r tecell yn llithro a'r dŵr yn tywallt dros ei llaw. Mae pethau fel hyn yn digwydd, yn anffodus, ond nid i Enid, sydd bob amser mor ofalus. Mae hi'n gollwng sgrech o boen ond nid oes neb yma i'w chlywed ond babi nad ydi o'n hidio am ddim ond y gwacter yn ei fol. Yma, ar lawr ei chegin foethus a'r cochni hyll yn lledaenu dros ei llaw wen mae Enid, yn naturiol ddigon, yn beio Siân, cyn-wraig Gareth, ei gŵr.

Dyma'r wraig, sydd â'i chefn a'i chyrn yn ei lladd, yn cwmanu'n ôl am y maes parcio lle mae'i gŵr, mewn car sydd wedi'i selio oddi tano â thail, yn chwilio'r *Exchange and Mart* am fargeinion, er nad ydi o'n credu'n y fath bethau. Petai ond yn sylweddoli, hon, sydd ar hyn o bryd yn cael trafferth i godi'i thraed i'r palmant, ydi bargen fwyaf ei fywyd. Morwyn, howscipar, cywely, y dioddefydd mud sy'n gorfod dibynnu ar gydymdeimlad prin dieithriaid. Wrth iddi lusgo'r ychydig lathenni sy'n weddill mae'n ei holi ei hun, am y canfed tro, a ydi bywyd yn werth ei fyw, ac

yn penderfynu nad ydi o. Ond faint gwell ydi hi o
benderfynu hynny oherwydd mae ganddi ŵr a thri
o feibion ysgwyddog sy'n disgyn ar ei bwrdd fel
adar rheibus. Byddai ei golchiad wythnosol, o'i
glymu hosan wrth drôns wrth grys, yn ymestyn o'r
dref hon hyd at ddrws fferm fynyddig ei gŵr.
Bythefnos yn ôl, yn y dafarn laeth, cafodd glust
barod i'w phoenau a chymorth nid bychan i
wynebu pythefnos arall. Ond beth am y pythefnos
sydd i ddod?

Dyma Gareth, gŵr Enid a chyn-ŵr Siân, yn
eistedd yn ei gar, yn ei fodurdy. Gellid bwyta oddi
ar lawr y modurdy hwn. Ond pwy, yn ei lawn
synnwyr, a fyddai'n dewis bwyta oddi ar lawr?
Pwy ond Siân a Gareth, yn ôl yn nyddiau cynnar
eu priodas. Gareth, y myfyriwr tlawd, wedi'i
ddiarddel oherwydd iddo ddryllio uchelgais ei
rieni cyfoethog drwy wrthod eu cynnig i gael
gwared â'i blentyn ar yr amod y byddai ef yn cael
gwared â'r ferch a'i cariai. Siân, myfyrwraig fwyaf
addawol ei blwyddyn, a aberthodd ei dyfodol
euraid i briodi ei myfyriwr tlawd, nid er mwyn
rhoi enw i'w phlentyn, ond am ei bod yn ei garu.
Yno, yn yr ystafell fechan lle na fyddai dodrefn ond
rhwystr, bu Gareth yn gwrando, â'i glust ar fol
Siân, ar guriad calon y ferch fach a aned yn farw.
Ond mae blynyddoedd lawer ers hynny ac mae
amser yn iacháu, ydi o ddim? Ac onid oes gan

Gareth bellach wraig newydd a mab a aned yn holliach?

Dyma Siân, yn eistedd yn y dafarn laeth a'r ferch surbwch yr olwg yn 'sgubo o dan y bwrdd, heibio i'w thraed. Mae arwydd Ar Gau ar y drws ac ni all neb ei agor o'r tu allan. Mae'r ferch, sydd wedi bod yn gweini ar eraill am wyth awr, yn ystyried galw'r goruchwyliwr. Wedi'r cyfan, 'd ydi hi'n ddim ond morwyn gyflog ac nid oes arni lai nag ofn y ferch yma efo'r llygaid mawr tywyll sy'n gollwng llwch ei sigarét ar lawr er bod llestr wrth ei phenelin. Heno, caiff ddweud yr hanes wrth ei chariad a bydd yntau'n prysuro i'w chysuro yn yr unig ffordd y gŵyr ef amdani cyn iddi, unwaith eto, fygwth rhoi'r gorau i'w gwaith. Drwy drugaredd, daw'r goruchwyliwr drwodd o'i swyddfa sydd ym mhen pella'r dafarn laeth, cyn belled ag sy'n bosibl oddi wrth ei weithwyr a'i gwsmeriaid. Mae'r ferch yn amneidio i gyfeiriad Siân. Daw yntau ati. Nid yn aml y mae gofyn iddo ddelio â chwsmeriaid trafferthus. Wedi'r cyfan, nid tafarn mo hon. Er bod gwên, o fath, ar ei wyneb, mae'i lais yn swnio'n uchel a chras yn y gwacter. Mae Siân yn codi'n ufudd, fel un mewn trymgwsg, ac yn gadael iddo'i danfon at y drws, a'i throi allan.

Dyma Gareth yn eistedd yn ei gar heb wybod dim fod ei wraig a'i fab yn crio yn y gegin, y naill o boen a'r llall o eisiau bwyd, a'r ddau o hunandosturi. Gareth, y myfyriwr, a lwyddodd i grafu drwy'i arholiadau efo help Siân, ei wraig. Gareth, yr athro ifanc, yn gyson ymwybodol o'i ddyled i'r wraig honno a weithiai wyth awr y dydd mewn siop lysiau i ddychwel adref fin nos wedi ymlâdd a phridd tatws yn caledu o dan ei hewinedd. Gareth, a benderfynodd un diwrnod roi iddi ei rhyddid fel y câi, meddai, ailymafael yn ei chyfle euraid. Cyd-ddigwyddiad, wrth gwrs, oedd fod Enid â'i phen bach tlws, ond gwag, wrth law; yr Enid a lwyddodd, er nad oedd iddi yr un cymhwyster ar bapur, i roi iddo blentyn byw. Wrth gofio'r plentyn hwnnw a'i gyfrifoldeb tuag ato, mae Gareth yn gadael y car ac yn brysio am y tŷ. Gareth, y gŵr a'r tad newydd, sy'n wynebu min nos anghyfforddus, a dweud y lleiaf, oherwydd iddo oresgyn y demtasiwn o brynu llyfr iddo'i hun yn Smiths.

Dyma Siân, yn sefyll ar ris y dafarn laeth. Mae ganddi drên i'w ddal rywdro cyn nos a thŷ i fynd iddo wedi iddi gyrraedd pen ei siwrnai. Na, 'd ydi hi ddim heb nod i gyrraedd ato. Ond 'd ydi hi ddim ar frys i'w gyrraedd. Mae'n troi i'r dde ac yn cerdded, yn araf, ar hyd y palmant. Siân, y fyfyrwraig addawol efo'r llygaid tywyll, bywiog, a aberthodd y cyfle euraid na ddaw byth yn ôl. Siân, y fam â'r breichiau gweigion, sy'n par'a i ddeffro gefn nos i glywed curiad calon y ferch fach yn ei chroth. Siân, nad ydi hi bellach yn wraig i neb, yn cerdded stryd nad oedd, ddwyawr yn ôl, ond megis unrhyw stryd arall. Petai ond wedi oedi beth yn hwy yn Marks ni fyddai'r prynhawn hwn, 'chwaith, ond megis unrhyw brynhawn arall.

Ond 'wnaethon nhw ddim. Ac oherwydd hynny fe ddaeth Siân a Gareth ynghyd am ychydig eiliadau wedi dwy flynedd o ddieithrwch i fod yn dyst, wrth i'w llygaid gloi, o feinder wyneb a phrinder gwallt ac i geisio argyhoeddi ei gilydd mor dda y mae'r byd yn eu trin nhw.

Ellen Fwyn
Mary Jones
1850

Geneth fach o Lŷn oedd hi, ond ni lwyddodd Mary Jones i ddenu gŵr bach twt o Abertawe, mwy nag o unman arall. Ni chafodd mo'i thŷ a'i gardd ar gwr y coed chwaith, ac ni fu erioed yn berchen ar na dillad crand nac ambarél, er iddi slafio fel yr andros.

Yn bedair ar hugain oed, nid oedd gan Mary Jones fawr i ymfalchïo o'i herwydd. A hithau'n blentyn anghyfreithlon, wedi'i magu ar y plwyf, nid oedd iddi, yn ôl papurau'r cyfnod, na theulu na ffrindiau ac ni allai ddarllen nac ysgrifennu.

Ond yr oedd gan Mary deulu. Ar 22 Rhagfyr 1787, priododd John Morgan, mwynwr plwm o Lanengan, ag Elin Jones o'r un plwyf, a bedyddiwyd mab iddynt, Gruffydd, ar 25 Mai 1788. Ganed eu merch, Catherine, yn 1797. Yn ôl Cofrestr Fedydd plwyf Llangïan, bedyddiwyd Mary Jones ar 26 Chwefror 1826, yn ferch i Catherine Jones, 'spinster', Maes Mawr. Ar 18 Tachwedd 1827, bedyddiwyd bachgen bach o'r enw Jabez, plentyn siawns Catherine Jones, Castell. Er bod y cyfeiriad yn wahanol, gellir casglu mai'r un oedd y Catherine Jones a'i bod wedi cadw cyfenw'i mam. Tybed a fu iddi adael cartref yn fuan wedyn a mynd â Jabez i'w chanlyn? Nid oes unrhyw sôn pellach amdano yn Llangïan. Byddai hynny'n egluro pam y cafodd Mary ei magu ar y plwyf.

Yng Nghofrestr y Claddedigaethau, dywedir i gorff un o'r enw Catherine Jones, a fu farw ym mhlwyf Llanbeblig, gael ei ddwyn adref i'w gladdu yn Llangïan ar 30 Medi 1834. Pan adawyd Mary yn amddifad, 'roedd y nain a'r taid yn byw yn y plwyf. Mae'n ymddangos, felly, nad oedd arnynt eisiau dim i'w wneud â phlentyn siawns eu merch ac nad oedd unrhyw groeso iddi ar eu haelwyd. Fe'i magwyd gan wraig o'r enw Ellen Jones, o'r un plwyf. Pan oedd tua deunaw oed, gadawodd Mary wlad Llŷn, i geisio ymdopi orau y medrai. Ac yn gynnar yn 1850 yr oedd ganddi o leiaf do uwch ei phen, yn sgil ei chyflogi fel morwyn laeth ar fferm Coed Marion yng Nghaernarfon.

Ni chafodd fawr o gyfle i gyfri'i bendithion prin, fodd bynnag. Yn Chwefror, a hithau wyth mis yn feichiog, fe'i gorfodwyd i ildio'i lle a cheisio lloches y Wyrcws. Yno, 26 Mawrth, ganed merch fach iddi, a'i bedyddio, ar yr ail o Ebrill, yn Ellen, yr un enw â Metron y Wyrcws a mam faeth Mary.

'Roedd hi'n dân am adael y Wyrcws rhag blaen, ac ar yr wythfed o Fai llwyddodd y Metron i gael lle iddi'n forwyn fagu gyda theulu yn y dref ar y dealltwriaeth y byddai'n trefnu i Ellen Jones, Llangïan, ofalu am y plentyn.

Drannoeth, wedi'r cinio arferol o chwe owns o fara, pedair owns o datws ac owns a hanner o gaws, gadawodd Mary'r Wyrcws a throi ei hwyneb am Lŷn ac Ellen fach wedi'i lapio'n glyd mewn siôl fenthyg. Tua dau o'r gloch y prynhawn, cyfarfu â merch ddieithr iddi, yn Llanwnda. Dod o Ffair Bontnewydd yr oedd Sarah Jones, ac ar ei ffordd i ymweld â'i thad, William Jones, fferm Pentre-bach, ym mhlwyf Llanaelhaearn. Bu'r ddwy'n cydgerdded am ddwyawr. 'Roedd Sarah yn glustiau i gyd wrth glywed Mary'n adrodd ei hanes helbulus ac yn llawn cynghorion ar sut i wella'r cramennod ar aeliau'r fechan yn y siôl.

'Mi fydd Mam yn gwybod be i 'neud,' mynnodd Mary.

Am fynd â'r un fach i Langïan i gael ei magu gan ei mam yr oedd hi, meddai hi wrth Sarah. Byddai gwell siawns iddi yno, gan na allai hi obeithio cael ei chyflogi tra oedd gofal plentyn arni.

'Cym' ofal ohonot dy hun,' meddai Sarah, wrth iddynt wahanu. Prin y gallai Mary gredu'i chlustiau. Nid oedd neb erioed wedi dweud hynny wrthi o'r blaen na neb wedi malio dim be ddeuai ohoni. Safodd am rai eiliadau, yn gwylio Sarah yn diflannu i'r pellter. Go brin y gwelai hi byth eto, meddyliodd.

Hen siwrnai ddiflas oedd hi o hynny ymlaen, y blinder yn gwasgu a'r baich yn trymhau o hyd. Nid oedd ganddi fawr o amynedd i ddal pen rheswm â'r hen ŵr a oedd wrthi'n atgyweirio'r bont ar gwr Llanaelhaearn er ei fod o, mae'n amlwg, yn ysu am gael holi ei hynt, ac yn llygadu'r bwndel yn ei breichiau.

Y saer maen hwnnw, Owen Jones o'r Bontnewydd, oedd yr olaf i'w gweld ddydd Iau a'r cyntaf i'w gweld brynhawn trannoeth, heb y bwndel yn ei breichiau. Nid oedd ganddi fawr i'w ddweud, mwy nag arfer, ragor nag iddi fod adref a'i bod ar ei ffordd yn ôl i'w lle newydd yng Nghaernarfon. Siarsiodd Owen Jones hi i wneud yn fawr o'i chyfle ac i fod yn hogan dda i'w meistres. Ac efo'r geiriau hynny yn ei chlustiau a'r awydd i'w gwireddu yn ei chalon yr aeth Mary i'w thaith a'r blinder yn dal i wasgu arni er nad oedd ganddi, bellach, yr un baich i'w gario.

'Roedd hi'n sobor o hwyr ar Ann Griffith yn cychwyn am eglwys Llanaelhaearn o fferm y Gwydir Mawr, Yr Hendre, fore Sul, 19 Mai. I geisio arbed rhywfaint o amser, penderfynodd dorri ar draws y caeau. Wrthi'n croesi Cae Bach, a arweiniai o'r tyrpeg i lan y môr, yr oedd hi pan welodd ddarn o liain gwyn ar ymyl y ffos. Er bod ganddi chwarter milltir o ffordd i fynd bu cywreinrwydd yn drech na hi. Gafaelodd yng nghwr y lliain a'i godi. Yr eiliad nesaf 'roedd hi'n syfrdan gan arswyd o weld llaw fach wen yn gorwedd o dan blygion y lliain.

Aeth y gwasanaeth rhagddo'r bore hwnnw heb Ann Griffith. Go brin fod neb wedi gweld colli hogan o forwyn. Ond yng nghyffiniau Cae Bach, ei henw hi oedd ar dafod pawb. Hi a arweiniodd Ellis Jones, ei mistar, at y ffos a dangos iddo gorff llonydd merch fach, wedi'i gwisgo mewn llieiniau benthyg o Wyrcws Caernarfon, ac ôl cramennod ar ei haeliau. A phan aed â'r corff i eglwys y plwyf 'roedd hi yno, yn ganolbwynt y sylw.

Claddwyd Ellen fach ym mynwent eglwys Aelhaearn ddydd Mercher, 22 Mai, a chofnodwyd hynny yng Nghofrestr Claddedigaethau'r plwyf: *'A child, name unknown, a female, about a month old. The body found in a field near Hendre. Buried by order of the Coroner, I. Williams Ellis'.*

Drannoeth, teithiodd Lewis John Williams, Cwnstabl Pwllheli, i Gaernarfon a gwarant yn ei boced a roddai'r hawl iddo orfodi Mary Jones i fod yn bresennol yn y cwest. Ac ar y 24 o Fai aed â hi ar ei siwrnai olaf i Lŷn, i'w chael yn euog gan y rheithgor ym Mhwllheli o lofruddiaeth fwriadol.

Prin y cafodd Mary gyfle i wneud yn fawr o'i lle newydd a bod yn hogan dda i'w meistres. Lai na phythefnos wedi iddi lwyddo i droi ei chefn ar

gaethiwed y Wyrcws 'roedd hi'n ôl yng
Nghaernarfon mewn llety dros dro nad oedd
modd dianc ohono. Yr eneth fach o Lŷn, yn bedair
ar hugain oed, heb na theulu na ffrindiau a heb
allu darllen nac ysgrifennu, a'i henw, nad oedd
gynt yn golygu dim i neb, wedi'i serio ar
dudalennau'r papurau newyddion.

O garchar Caernarfon yr aed â hi, yn ei ffrog
brint a'i ffedog las, i sefyll ei phrawf ar
27 Gorffennaf, 1850. Yno clywodd Sarah Jones, a
fu'n gymaint cysur iddi ar ei siwrnai, yn tystio fel y
bu iddynt gydgerdded am ddwyawr. Daeth lwmp
i'w gwddw wrth i Sarah ddweud gymaint o fyd
oedd ganddi efo Ellen fach a pha mor awyddus
oedd hi i'r plentyn gael y gofal na allai hi ei gynnig
iddi.

Prin bod gan Owen Jones ddim o werth i'w
ddweud, er ei holi a'i stilio a'i lygadu. Gallai'r
baich yr oedd hi'n ei gario fod yn fwndel o hen
ddillad, hyd y gwyddai ef. Ond 'roedd o wedi
gwneud yn siŵr eu bod nhw i gyd yn gwybod nad
oedd y bwndel ganddi ar ei ffordd yn ôl.

'Roedd gan yr hogan o Lanaelhaearn ddigon
i'w ddweud drosti ei hun, fel petai wedi cyflawni
rhyw gamp fawr. Lle buo hi na fyddai hi wedi
croesi'r Cae Bach yna ddyddiau ynghynt? Lle'r
oedden nhw i gyd na fydden nhw wedi clywed
Ellen fach yn crio? 'Does 'na ddim byd o'i le ar

'sgyfaint y plentyn 'ma, beth bynnag' – dyna fyddai Metron y Wyrcws yn arfer ei ddweud.

'Roedd yna fythynnod o fewn tafliad carreg i'r lle'r oedd hi wedi'i gadael. Siawns nad oedd rhywun wedi clywed. Sut y gallen nhw adael i blentyn bach fel yna grio, heb wneud dim? On'd oedd rhyw ddynes wedi dweud iddi hi a'i gŵr glywed sŵn yn dod o'r Cae Bach y noson honno. Wedi meddwl yr oedd hi, meddai hi, mai bref oen oedd o, er ei bod hi'n ddiwedd Mai arnyn nhw'n dod â'r defaid i lawr o'r mynydd. Fe fyddai unrhyw un call yn gwybod y gwahaniaeth rhwng bref oen a chrio plentyn, p'run bynnag. A pham nad aethon nhw yno i weld, rhag ofn. Nid ei dir o oedd o, meddai'r Ifan Ifans yna. Pa wahaniaeth am hynny? Be oedd yn bod arnyn nhw i gyd, mewn difri?

'Roedd hi wedi lapio dwylo'r fechan ym mhlygion y wlanen, rhag ofn iddi gripio'r briwiau ar ei haeliau. Dim ond gobeithio y byddai pwy bynnag a ddeuai o hyd iddi'n gwybod sut i'w trin. Yna, gwnaethai wely bach twt iddi yn y gwair, ei rhoi i orwedd ar ei hochr chwith, rag ofn iddi fygu, a thaenu pais wlanen dros ei choesau. Wedi marw o oerni a diffyg maeth yr oedd hi, meddai'r doctor o Bwllheli. Ond 'roedd ei bol hi'n llawn a'i gwar yn gynnes pan adawodd hi.

Wrth iddi gerdded am Gaernarfon y noson

honno, teimlai fel petai wedi gadael darn ohoni ei hun ar ôl. 'Roedd hi wedi disgwyl y byddai'r daith yn ysgafnach, heb faich i'w gario, ond 'roedd pob cam yn dreth a rhyw hen boen, nad oedd hi erioed wedi ei deimlo o'r blaen, yn pwyso arni. Cofiodd fel y byddai un o hen wragedd y Wyrcws yn lapio'i breichiau amdani ei hun ac yn siglo'n ôl ac ymlaen, dan gwyno. 'Oes ganddoch chi boen, Jane Ifans?' holai hithau. Yr un fyddai'r ateb bob tro – ''Y nghalon i sy'n brifo, wel'di.'

'Roedd ei chalon hithau wedi brifo'i siâr er y diwrnod hwnnw ym Mhwllheli pan ddwedon nhw ei bod hi wedi lladd Ellen fach. Dyna oedd y Mr Welsby 'ma'n ei gredu, hefyd. Sut y gallen nhw feddwl y ffasiwn beth? Mae'n rhaid fod colled arnyn nhw.

Syllodd Ellen Jones yn ddirmygus ar yr eneth gyferbyn. Nid oedd ei dagrau'n mennu dim arni hi. I feddwl ei bod hi wedi cymryd trugaredd arni a chytuno i'w magu, i gael ei llusgo drwy'r baw fel hyn. 'Roedden nhw'n ceisio'i beio hi am fethu rhoi'r cychwyn iawn iddi, a rhyw hen ddyn powld yn mynnu y dylen nhw fod wedi'i dysgu hi i ddarllen ac ysgrifennu. Pa well fyddai hi ar hynny? On'd oedd gwreiddyn y drwg ynddi o'r dechrau? 'Roedd hi wedi darogan, sawl tro, na ddeuai unrhyw dda ohoni, mwy na'i mam, unwaith y câi hi fesur o ryddid.

Diniwed oedd hi, meddai'r Mr Walker yna oedd yn ei hamddiffyn hi. 'Roedd hwnnw eisiau rhywbeth i'w wneud. Dyn yn ei safle fo yn gwastraffu'i amser ac amser pawb arall yn ceisio perswadio pobol nad oedd hi'n gyfrifol am yr hyn a wnaeth, ac yn mynnu mai wedi colli'i phwyll dros dro oherwydd twymyn laeth yr oedd hi.

Gallai fod wedi dweud wrthyn nhw mai rhyw dwpsan fuo hi erioed. Ond o'r eiliad y cerddodd hi i mewn a chyn iddi gael cyfle i ddweud fawr ddim 'roedd yr hogan wirion wedi cael pwl o sterics ac yn gweiddi crio dros y lle. 'Roedd hi braidd yn hwyr yn y dydd i hynny.

Dwy flynadd, dyna ddwedodd Ellen Jones – fod dwy flynadd er iddyn nhw weld ei gilydd. Sut y gallai hi? Ond 'roedd hi wedi dweud fwy nag unwaith, ran'ny, nad oedd arni eisiau dim i'w wneud â hi a'i bod yn difaru iddi erioed agor ei drws iddi. 'Roedd hi wedi diolch, ganwaith, meddai, nad oedd yna unrhyw berthynas gwaed rhyngddyn nhw. Gallai hithau ddweud yr un peth.

'Roedd hi'n falch o gael rhoi ei chlun i lawr. Y dyn efo'r wyneb ffeind oedd wedi mynnu iddyn nhw estyn cadair iddi ac wedi rhoi taw ar Ellen Jones pan ddechreuodd honno ddweud hen bethau cas amdani. Fo oedd wedi dangos iddyn nhw, ar glamp o bapur mawr, mor agos oedd y bythynnod i'r lle'r oedd hi wedi gadael Ellen fach.

Ond 'roedd o ar fai'n ceisio honni fod colled arni hi. Er na allai dorri'i henw, 'doedd hi ddim yn ddwl, nac yn wirion chwaith.

Synfyfyrio felly yr oedd hi pan barodd rhyw ddyn yr oedd pawb wedi bod yn plygu'u pennau iddo ac yn ei alw'n 'mei lord' iddi godi ar ei thraed unwaith eto. Rhywun fel hwn oedd Duw, debyg, yn gweld ac yn gwrando pob dim. Fe ddylai wybod, felly, ei bod hi wedi dewis ei lle'n ofalus ac na fyddai wedi cymryd y byd â gadael Ellen fach allan o glyw pobol. 'Roedd o'n dweud rhywbeth am Ellen Jones, rhywbeth cas yn ôl yr olwg guchiog oedd ar honno. Eitha' gwaith â hi. Be oedd ar ei phen hi'n meddwl am roi'r fechan yng ngofal y fath un? Ond pa ddewis arall oedd ganddi, ar y pryd?

'Roedd o'n tewi, o'r diwedd, a chriw o ddynion yn cerdded allan. Siawns na châi hithau ei thraed yn rhydd bellach. Yn ôl i'r Wyrcws yr âi hi, debyg. Byddai'n o chwith arni yno, heb gwmni'r un fach. Ond 'doedd hi ddim yn bwriadu aros yno eiliad yn hwy nag oedd raid. Fe wyddai'r Metron nad oedd ganddi ofn gwaith. A'r cwbwl yr oedd hi ei eisiau rŵan oedd y siawns i brofi hynny.

Ond ni chafodd Mary, mwy nag arfer, gyfle i roi ei phenderfyniad ar waith. Dri chwarter awr yn ddiweddarach, mewn canlyniad i ddedfryd y rheithgor o ddynladdiad, cyhoeddodd 'mei lord' fod Mary Jones i gael ei halltudio am weddill ei hoes.

Fe wnaeth y *Chronicle* a'r *Carnarvon and Denbigh Herald* yn siŵr fod pawb, o Gaernarfon i Lŷn, yn dod i wybod am dynged Mary Jones. Ond mae rhai cwestiynau'n codi nad oes ateb iddynt, ac na ellir ond dyfalu'n eu cylch. Tybed a fu i Mary, yn ôl ei bwriad, alw i weld Ellen Jones ac i honno, yn ei dirmyg ohoni, ei throi o'i drws? A beth, tybed, aeth â hi i blwyf Llanaelhaearn?

Yn gynnar yn 1850, agorwyd chwarel sets Y Gwaith Mawr, yn yr Hendre. Daeth Trefor Jones o Nebo, Llanllyfni, cyn-fforman Samuel Holland, un o arloeswyr y diwydiant llechi yn y Gogledd, yno'n stiward, a bu'n byw o 1852 hyd ei farw yn 1860, yn y tŷ a elwir Yr Hen Offis, ar yr hen ffordd haearn.

Gant a deugain o flynyddoedd yn ddiweddarach, mae'r si yn para mai'r Trefor Jones hwn, hen lanc parchus-grefyddol, oedd tad plentyn Mary Jones. Ai chwilio amdano ef yr oedd Mary y noson honno o Fai? Yn 1850 'roedd Trefor Jones yn aros yn Gwydir Bach, y tyddyn agosaf i'r Gwydir Mawr, efo Robert a Margaret Hughes. Ddaeth hi o hyd iddo, tybed? Nid oes mwg heb dân, medden nhw, ond beth bynnag am hynny, siwrnai ofer fu un Mary Jones.

Chwe blynedd yn ddiweddarach, pan osodwyd

sylfaen tai'r gwaith, bedyddiwyd yr Hendre yn Trefor, o barch i'r stiward cyntaf.

Bu Elin Morgan farw yn ei chartref, 'Fraingc', Llangïan flwyddyn wedi i'r rheithgor gael ei hwyres yn euog o ddynladdiad. Ond yn Wyrcws Pwllheli y diweddodd Ellen Jones ei hoes, heb na theulu na ffrindiau, ac fe'i claddwyd yn Llangïan ar y pedwerydd ar ddeg o Fehefin, 1865.

Llong wedi'i hadeiladu yn Sunderland oedd yr *Aurora*, patrwm o long o'i chymharu â'r llongau cynharach fel *Friendship*, *Pitt* a'r *Prince of Wales*.

I fyny hyd at y pedwardegau, byddai cymaint o ferched wedi eu gwasgu i mewn i'r howld fel na allent ond prin symud. 'Roedd yr aer yn fyglyd a thrymaidd a'r pyg a syrthiai'n ddafnau o'r trawstiau yn llosgi eu cnawd. Nid oedd ganddynt ddewis ond ildio i ymosodiadau rhywiol y swyddogion a'r criw a wynebu'r sarhâd o gael eu labelu'n buteiniaid mewn canlyniad i hynny.

Wedi iddynt gyrraedd Awstralia, fe'u gorfodid i'w gwerthu eu hunain, gan nad oedd ganddynt na bwyd nac arian na gobaith dychwelyd byth. Gallai'r cyn-droseddwyr a'r mewnfudwyr eu trin fel y mynnent a hyd yn oed pan gaent eu cyflogi byddai gofyn iddynt foddio dyheadau'r meistr a'i feibion fel rhan o'u dyletswydd. Ond, wedi'r cyfan, onid dyna amcan y Llywodraeth wrth eu hanfon yno? Rhwng 1841 ac 1852, pan ddaeth y trawsgludo i ben, glaniodd hanner cant o longau ym mhorthladd Hobart, pob un ohonynt yn cario rhwng cant a hanner a dau gant o ferched.

Er bod howld yr *Aurora* yn orlawn, prin oedd y marwolaethau, gan fod yr amodau byw wedi gwella'n aruthrol dros y blynyddoedd. Yn yr howld honno y cafodd yr eneth fach o Lŷn lety arall dros dro, ar ei ffordd i wlad Van Diemen. Yn rhannu'i lety yr oedd geneth o sir Ddinbych, ac un arall o'r De. Gweini yn Sir Fôn yr oedd Ellen Davies pan gafodd ei chyhuddo o ddwyn darn o gaws ac ychydig dafelli o gig moch a'i dedfrydu i gael ei thrawsgludo am saith mlynedd. Ar lwgu yr oedd hi, meddai hi, yn rhy wan i allu sefyll ar ei thraed. 'Roedd Mary'n cofio teimlo felly, sawl tro, ond ni chawsai erioed ei themtio i roi ei phump ar eiddo neb arall. Ond 'roedd hi'n fodlon maddau unrhyw beth i eneth o'r un enw ag Ellen fach.

Dri mis yn ddiweddarach 'roedden nhw'n ffarwelio, am byth, a Mary'n cychwyn am ei lle newydd. I blentyn anghyfreithlon, wedi'i magu ar y plwyf, a heb na theulu na ffrindiau, nid oedd fawr o wahaniaeth rhwng bod yn forwyn laeth yng Nghoed Marion, Caernarfon a gweini ar fferm yng ngwlad Van Diemen. Ond wrth iddi droi ei chefn ar Ellen Davies, yr oedd ei chalon yn brifo, fel yr oedd hi pan adawodd Sarah Jones ac wrth iddi gerdded yn ôl, heb ei baich, am Gaernarfon y noson honno o Fai. Ni châi fawr o gysur wrth feddwl fod ganddi, yn y bag lliain a gawsai wrth iddi adael y llong, fwy o ddillad nag y bu'n berchen arnynt mewn chwarter canrif, yn beisiau a chobenni, cotwm a gwlanen, dwy ffrog frethyn frown, cap lliain a ffedogau, hancesi poced, tri phâr o hosanau a dau bâr o esgidiau – digon i bara am oes.

Ac ni fu rhagor o sôn am yr eneth fach o Lŷn a orfodwyd, oherwydd amgylchiadau, i aberthu'r unig beth o werth a fu ganddi erioed.

Llyfryddiaeth

tt.7-13, Eigra Lewis Roberts: *Y Drych Creulon*, 'Pechod Sara Preis' (Llys yr Eisteddfod/Gwasg Gomer, 1968).

tt.20-27, Eigra Lewis Roberts: *Cudynnau*, 'Brechdanau' (Gwasg Gomer, 1970).

tt.35-43, Eigra Lewis Roberts, *Fe Ddaw Eto*, 'Hywel Maci' (Gwasg Gomer, 1976).

tt.32-33; tt.86-87; tt.267-269 Eigra Lewis Roberts, *Ha' Bach* (Gwasg Gomer, 1985).

tt.77-80, Eigra Lewis Roberts, *Seren Wib*, 'Katherine a Dilys' (Gwasg Gomer, 1986).

tt.11-18, Eigra Lewis Roberts, *Cymer a Fynnot*, 'Dyma Siân a Gareth' (Gwasg Gomer, 1988).

tt. 27-37, Eigra Lewis Roberts: *Llygad am Lygad*, 'Ellen Fwyn' (Gwasg Gomer, 1990).